예리한 눈매로 성경의 풍성함을 간파하는 사람이라면 우리 인간성의 가장 깊은 곳이 하나님의 은혜라는 깊은 우물 한가운데에 존재함을 발견할 것이다. 『소외된 이들의 하나님: 룻기』는 마음 여린 사람들에게는 적합한 책이 아니다. 이 책은 뜻밖의 순간에 당신을 슬쩍 스치듯이 책망할 것이며, 그러고 나서는 은혜의 말을 구원의 말로 바꾸어 놓을 것이기 때문이다.

– 스캇 맥나이트, 노던 신학교 줄리어스 R. 맨테이 신약학 석좌교수

캐롤린 커스티스 제임스는 능숙한 이야기꾼이다. 저자가 나오미와 룻과 보아스를 고찰한 내용은 권력과 특권이라는 역학 관계 속에서 슬퍼하는 사람들, 소외된 사람들, 압제받는 사람들에게 용기와 위로를 준다. 이 책은 깊이 생각하는 성경 연구 모임이나 함께 경건 서적을 읽는 모임에도 알맞을 것이다.

– 잉그리드 페어로, 트리니티 신학교 MA 과정 책임자, 구약학 겸임교수

이 매력적이고 통찰력 있는 책에서는, 매우 사랑받는 책인 룻기가 생생한 목소리로, 곧 과거에 소외된 곳에서 살면서 하나님의 역사를 놀랍고도 확실하게 경험한 세 사람의 목소리로 들린다. 사람들이 나오미("여자 욥")와 룻과 보아스를, 우리의 갈등 상황에서 자비하시고, 희망을 불어넣으시며, 하나님 나라를 앞당기시는 하나님의 역사를 보여 주는 지표라고 말하게 하는 책이 바로 이 책이다.

– 로버트 R. 허버드, 시카고 노스파크 신학교 구약학 명예교수,
NICOT (New International Commentary on the Old Testament) 시리즈 편집장,
The Book of Ruth (NICOT) 저자

통념과 상투성을 벗은 현실 감각과 상상력이 만난 해석이다. 저자는 룻기에 새겨진 말의 세계에서 나오미를 통해 욥의 고통을, 이방인 룻을 통해 아브라함의 믿음을 일깨우며, 주변인과 경계인으로 존재할 수밖에 없었던 두 여자의 서사를 통해 성경의 개혁적인 여성관을 제시한다.
- 김순영, 서울한영대학교 구약학 초빙교수, 『어찌하여 그 여자와 이야기하십니까?』 저자

이 책은 여성의 관점에서 룻과 나오미가 처한 절망적인 삶과 그럼에도 불구하고 룻과 나오미가 서로를 향한 헤세드를 베풀기 위해 얼마나 큰 용기를 냈는지를 따뜻한 시선으로 그려 낸다. 본문에 얽매이지 않지만 본문의 흐름을 따라 당시의 상황과 현재의 상황을 연결하며 중요한 주제와 신학을 쉽게 풀어내기에 평신도와 목회자 모두에게 매우 도움이 되는 책이라 생각된다.
- 박유미, 안양대학교 구약학 강사, 비블로스성경인문학연구소 소장

저자는 룻기에 대한 일반적인 이해를 넘어, '소외된 이들의 하나님'이라는 관점으로 룻기를 다시 읽을 것을 요구한다. 익숙한 이야기 속에서 체제 전복의 메시지를 찾아내고, 이전에는 조명된 적 없었던 부분들을 살핀다. 또한 '권력을 쥔 자들'과 대립되는 약자들인 '나오미와 룻'을 입체적으로 묘사하며, 그들이 상황에 끌려가는 존재가 아니라 상황을 스스로 이끌어 가는 주체였음을 밝혀 낸다. 그리고 그 약자들과 한편이 되셔서 피곤하고 위태한 삶 가운데 참된 안식을 주시는 하나님을 보여 준다.
- 조영민, 나눔교회 목사, 『읽는설교 룻기』 저자

소외된 이들의 하나님: 룻기
Finding God in the Margins: The Book of Ruth

Copyright © 2018 by Carolyn Custis James
Originally published in English under the title
Finding God in the Margins: The Book of Ruth
by Lexham Press, 1313 Commercial St., Bellingham, WA 98225, U.S.A.
All rights reserved.

Translated and used by permission of Lexham Press.

This Korean Edition Copyright © 2018 by Jireh Publishing Company,
Goyang-si, Gyeonggi-do, Republic of Korea.

이 한국어판 저작권은 Lexham Press와 독점 계약한 이레서원에 있습니다.
신저작권법에 의하여 한국 내에서 보호받는 저작물이므로 무단 전재와 무단 복제를 금합니다.

소외된 이들의 하나님: 룻기
Finding God in the Margins: The Book of Ruth

소외된 이들의 하나님: 룻기
Finding God in the Margins: The Book of Ruth

캐롤린 커스티스 제임스 지음
이여진 옮김

초판 1쇄 인쇄   2018년 11월 01일
초판 1쇄 발행   2018년 11월 05일

발행처   도서출판 이레서원
발행인   문영이
출판신고   2005년 9월 13일 제2015-000099호

편집장   이혜성
편집   송혜숙, 오수현
영업   김정태
총무   곽현자

경기도 고양시 일산동구 중앙로 1160 오원플라자 801호
Tel. 02)402-3238, 406-3273 / Fax. 02)401-3387
E-mail: Jireh@changjisa.com
Website: Jireh.kr / Facebook: facebook.com/jirehpub

책값은 표지에 있습니다.

ISBN 978-89-7435-510-4 04230
ISBN 978-89-7435-500-5 04230 (세트)

신저작권법에 의해 한국 내에서 보호받는 저작물이므로 저작권자의 서면 허락 없이 이 책의 어떠한 부분이라도 전자적인 혹은 기계적인 형태나 방법을 포함해서 그 어떤 형태로든 무단 전재하거나 무단 복제하는 것을 금합니다.

이 도서의 국립중앙도서관 출판예정도서목록(CIP)은 서지정보유통지원시스템 홈페이지(http://seoji.nl.go.kr)와 국가자료공동목록시스템(http://www.nl.go.kr/kolisnet)에서 이용하실 수 있습니다. (CIP 제어번호: CIP2018033351)

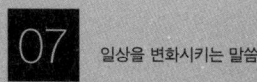
일상을 변화시키는 말씀

소외된 이들의 하나님
: 룻기

Finding God in the Margins
The Book of Ruth

캐롤린 커스티스 제임스 지음
크레이그 바르톨로뮤 시리즈 편집
이여진 옮김

이레서원

"룻이 이르되
내게 어머니를 떠나며 어머니를 따르지 말고
돌아가라 강권하지 마옵소서 어머니께서 가시는 곳에 나도 가고
어머니께서 머무시는 곳에서 나도 머물겠나이다
어머니의 백성이 나의 백성이 되고
어머니의 하나님이 나의 하나님이 되시리니"

(룻 1:16)

목차

1장　　서론 · 11
2장　　나오미와 룻의 세상으로 들어가기 · 30
3장　　가눌 수 없는 슬픔 · 45
4장　　불법 체류! · 58
5장　　헤세드의 힘 · 75
6장　　베들레헴에 '안식'이 없음 · 93
7장　　나오미를 위한 규칙 위반 · 108
8장　　이야기의 남자다운 면 · 121
9장　　일곱 아들보다 나은 · 140

추천 도서 · 158

1장

서론

 요즘 세상에서 사람들이 몹시 두려워하는 것 중 하나는, 배낭처럼 아무 문제없어 보이는 물건이 아무에게도 들키지 않고서 보안 검색을 통과하고 폭발물 탐지견 곁을 지나 사람들이 빽빽하게 모인 곳에 슬그머니 들어가서는 폭발해 버리는 일이다. 실제로 그런 두려운 일이 2013년 4월 15일에 보스턴에서 두 차례 일어났다. 그 비운의 날, 보스턴 마라톤 결승선에서 100미터도 채 떨어지지 않은 곳에서 정신이 팔린 채 환호하던 사람들 한가운데에 두 형제가 배낭을 놓아두었다. 배낭 속에는 계획대로라면 연이어서 어마어마하게 크게 터질 살상용 폭발 물질이 담긴 압력솥이 들어 있었다.

 보스턴에서는, 모든 것이 변할 것이다.

삶을 뒤집어 놓을 이 테러 공격을 자행한 의도는 보스턴 사회를 공포에 사로잡히게 하려는 것이었지만, 아이러니하게도 테러의 여파로 보스턴 사람들은 하나가 되었다. 두려움으로 얼어붙는 대신 "보스턴 스트롱!"(Boston Strong!)이라는 외침이 펜웨이 파크(보스턴 레드삭스의 홈구장-역자 주)에서, 보스턴 시내 거리거리에서 울려 퍼졌으며, 세상 전체에 도전적으로 메아리쳤다.

개관

구약의 룻기를 강력 폭발물을 담은 배낭과 비교하는 것이 이상해 보일 수 있지만, 오랜 세월 동안 기독교회는 이 아무 문제없어 보이는 고대의 서사(敍事, 내러티브)가 지닌 영향력을 과소평가해 왔다.

전통적 해석에서는 룻기를 가난에 처한 모압 여자 룻과 부유한 이스라엘 지주 보아스의 아름다운 사랑 이야기로 본다. 그렇다면 룻기는 자기 전에 읽기 좋은 이야기이지, 쉬이 잠들지 못하게 하는 이야기가 아니다. 서사가 한 남자(보아스)와 한 여자(룻) 사이의 우연한 만남에 초점을 맞추어 흘러간다는 것을 감안하면 룻기를 사랑 이야기로 해석하는 것을 이해할 만하다. 그러나 룻기는 디즈니 영화가 아니다.

비극이 룻의 시어머니 나오미에게 연이어 일어나 나오미와 룻이 빈곤이라고 할 만한 가난에 몰리게 되었으며, 그래서 보아스와 룻이 한자리에 모이게 되었다. 두 사람의 만남은 (뜻밖에도 룻이 한) 청혼과 결혼과 아들 출산으로 이어지며, 그래서 겉으로 보기에는 심적 고통으로 뒤숭숭하던 나오미의 심령 회복으로 이어진다. 이 해석에 따르면 성경이라는 카메라는 보아스를 이 이야기의 영웅으로, 즉 두 여자의 곤두박질치는 운을 뒤집어 주는 재산과 정신력과 관대함을 소유한 남자로 설정한다.

(보통은 청혼은 남자가 한다는 것을 예외로 하고) 무수한 동화와 로맨틱 영화에서 보이는 전혀 낯설지 않은 줄거리다. 그런데 "그 후로 행복하게 살았답니다" 하는 현수막이 결말에서 펄럭이는 이야기를 설교할 때면, 사실 회중이 살아가는 세상에서는 이야기가 그렇게 전개되지 않는다는 문제가 따라온다. 그러면 룻기에서 즐거움은 얻을지 몰라도 믿음으로 이해할 내용은 얻을 것이 별로 없다.

아마 근자에 룻기와 관련해서 가장 중요한 학문적 통찰은 **우리가 여자 욥의 이야기를 살펴보고 있다**[1]는 데 대체로 동의한다는 것이다. 나오미는 최악의 상실을 겪는데, 나오미의 상실이 이 이

---

1 참조. Robert J. Hubbard Jr., *The Book of Ruth*, New International Commentary on the Old Testament (Grand Rapids: Eerdmans, 1988); André LeCocque, *Ruth: A Continental Commentary*, trans. K. C. Hanson (Minneapolis: Augsburg Fortress, 2004); Carolyn Custis James, *The Gospel of Ruth: Loving God Enough to Break the Rules* (Grand Rapids: Zondervan, 2008).

야기의 핵심이다. 앞으로 살펴보겠지만, 고대의 가부장제의 셈법 대로라면 나오미가 당한 상실은 완전히 대참사나 마찬가지며, 이 이야기가 말하려는 하나님의 성품에 대해 골치 아픈 의문을 제기하게 한다. 룻기의 첫 다섯 절은 이스라엘 백성인 나오미의 삶에 의미를 주던 모든 것을 텅 빈(empty) 상태로 만들어 버린, 계속되는 엄청난 비극을 서술한다.

룻기와 욥기는 놀라울 정도로 유사하며, 더 나아가 이러한 유사성은 룻을 여자 욥으로 보는 해석을 확증한다. 두 책 모두에서 고난당하는 이들이 최악의 상실을 겪는다. 욥은 가축, 하인, 자녀, 건강을 잃는다. 나오미는 흉년, 피난민의 삶, 남편과 두 아들의 죽음을 견뎌 낸다(욥 1:13-2:10; 룻 1:1-5). 이러한 상실은 고난당하는 두 사람을 완전히 쓸어버리는데, 차이가 있다면 욥은 가부장제 문화에서 남자였기에 결국 다시 시작할 수 있었다는 점뿐이다. 그렇지 않은 나오미는, 즉 폐경기가 지난 과부 나오미는 모든 것이 끝나버렸다.

고난당하던 욥과 나오미는 이차적인 원인에서 여호와에게로 주의를 돌려 하나님이 자기들에게 퍼부으신 고난에 얽힌 부당함에 대해 항의하며 부르짖는다(룻 1:13b, 20-21; 욥 6:4; 7:11). 욥은 하나님의 정의에 의문을 제기하고, 나오미는 하나님의 사랑(헤세드, *hesed*)을 의심한다. **헤세드**는 이 이야기의 중심에 있는 단어로, 행동을 실행하는 원동력이다. (이것에 대해서는 추후에 더 자세히 살필 것이다.) 욥과 나오미 모두 깊은 슬픔 때문에 몸이 심하게 상해서 친구들조차 이들을 알아볼 수 없었다(룻 1:19; 욥 2:11-13). 그리고 두 이야기에서 하나님께서는 강력한 방법을 사용하셔서 욥과 나오미의 믿음을 각기 강화하시는 방식으로 응답하시지만, 그들의 상실 이면에 있는 그 이유는 설명해 주지 않으신다.

성경에서 룻기의 위치는 의미심장하다. 유대교 성경에서 룻기는 하나님을 경외하는 삶이라고도 알려진 지혜로운 삶의 아름다운 모범인 잠언 다음에 위치해 있다. 기독교 성경에서는 사사기 다음, 그리고 사무엘상 앞에 있다. **거시적 관점**으로 보면 룻기는 "사사들이 치리하던 때"(1:1)와 다윗 왕정(4:18-22)을 견고하게 이어 주는 다리 역할을 하는 이야기다. **미시적 관점**으로 보면 긴급한 가족 문제와 모세 율법 세 가지, 즉 이삭줍기, 계대 결혼, 기업 무를 자에 대한 룻의 재해석에 초점을 맞춘 이야기다. 율법에서 말하는 배고픈 사람들 편에서 살고 있던 룻은 율법을 바라보는 관점이 보아스와 완전히 달랐다. 보아스는 룻의 말에 기꺼이 귀를 기울였으며 (사실 이것이 룻기에서 대단히 놀라운 부분 중 하나다), 그렇게 귀를 기울임으로써 율법을 문자적으로 아는 데서 벗어나 율법의 정신을 이해하게 된다. 그 결과 배고픈 과부가 먹게 되고, 죽어 가던 가족이 구조를 받는다.

룻기의 처음 독자나 당시에 살던 사람들은 이 이야기에서 일어나는 일을 거시적 관점뿐 아니라 미시적 관점으로도 보았을 것이다. 하지만 제3의 관점인 **포괄적 관점**은 신약과 그 이후라는 시점에서만 깨달을 수 있다. 하나님은 평범하면서도 사회에서 그리 중요하지 않은 각 사람을 통해 일하심으로써 세상을 향하신 당신의 목적을 진척시키시기 때문이다.

룻기를 욥 이야기의 틀에 넣으면, 이 고대의 서사가 21세기로 쑥 들어온다. 갑작스럽게 룻기가 우리가 살아가는 현실 세계에 대한 이야기가 되는데, 현실 세계에서 우리는 뜻하지 않은 문제와 자주 맞닥뜨리지만 하나님은 우리를 슬픔에서 보호하실 권능이 있으신데도 그 문제를 막지 않으신다. 나오미는 우리 모두에게 해당하는 질문을 말로 표현한다. 그리하여 나오미의 이야기와 질문이 문득 우리의 이야기가 되고 우리의 질문이 된다. 룻기가 전개되는 방식에 우리의 이해관계가 얽혀 있다. 룻이 주도하고 보아스가 놀랍게 반응하는 것으로 이어지는 이야기에서 우리는 미지의 세계로 들어가게 될 것이다. 그 미지의 세계에서 우리는 이 아무 문제없어 보이는 짧은 이야기로 인해 영화 매트릭스(Matrix)의 빨간 알약처럼 완전히 새로운 세상과 완전히 새로운 방식의 인간다움을 깨닫고서, 삶을 재구성하며, 그 이상의 것을 갈망할 것이다. 타락한 세상에서 하나님의 자녀로, 그분의 형상을 지닌 자로 살아간다는 것이 의미하는 바에 대한 기대치가 높아질 것이다. 이 이야기는 여성-남성 관계의 영향력이 그 나라에 미치는 전망을 놀랍게 묘사하며, 누구보다도 심하게 하나님에게 버림받고 텅 비어 버린 인간의 영혼에 소망과 의지와 의미를 풍성하게 불어넣는다.

■ 룻기 개요

1. 흉년 때문에 나오미 가족이 베들레헴에서 모압으로 가도록 내몰리며, 모압에서 나오미의 세계가 금이 가기 시작한다(1:1-5)

2. 나오미와 룻이 모압에서 베들레헴으로 돌아온다(1:6-22)
   a. 오르바와 룻을 돌려보내려는 나오미의 첫 번째 시도(1:6-10)
   b. 나오미의 두 번째 시도와 탄식, 오르바의 귀환(1:11-14)
   c. 나오미의 세 번째 시도, 룻의 개종과 맹세(1:15-18)
   d. 나오미와 룻이 베들레헴에 도착한다(1:19-22)

3. 룻이 보아스의 밭에서 나오미를 위해 말을 한다(2:1-23)
   a. 보아스 소개(2:1)
   b. 룻이 이삭줍기를 결심한다(2:2-3)
   c. 룻 덕분에 보아스가 이삭줍기 규례를 문자적으로 대하지 않고 그 정신을 실현한다(2:4-17)
   d. 룻이 나오미에게 돌아오고, 여호와의 **헤세드**(인애)에 대한 나오미의 소망이 되살아난다(2:18-23)

4. 룻이 타작마당에서 나오미를 위해 말을 한다(3:1-18)
   a. 나오미가 룻을 위한 안식(안전)을 모색한다(3:1-5)
   b. 룻이 나오미와 엘리멜렉 가족을 구해 줄 남자 상속인을 찾는다(3:6-9)
   c. 보아스가 기업을 무를 더 가까운 사람이 있음을 알리고, 룻의 제안을 이행할 것을 맹세한다(3:10-14)
   d. 룻이 나오미에게 돌아오고, 보아스는 쉬지 않을 것이다(3:15-18)

5. 보아스가 성문에서 나오미를 위해 말을 한다(4:1-17)
      a. 보아스가 정족수의 장로들을 소집한다(4:1-2)
      b. 보아스가 기업 무를 자에게 나오미의 밭을 사라고 제안한다(4:3-4)
      c. 보아스가 룻과의 결혼을 밭의 매매 조건으로 제시한다(4:5-8)
      d. 룻과 보아스의 결혼(4:9-11)
      e. "나오미에게 아들이 태어났다!"(4:12-17)
   6. 다윗 왕실의 계보(4:18-22)

룻기의 메시지를 푸는 열쇠

이 이야기를 더욱 톺아보는 첫 단계는 나오미를 여자 욥으로 인정하는 것이다. 하지만 그 이상의 것도 필요하다. 이 책을 계속해서 두루 살펴볼 때, 이 고대 이야기의 핵심에 다가가도록 도와줄 필수 열쇠 넷이 있다.

첫째 열쇠는, 하나님이 언제나 이 이야기의 영웅이시라는 것이다. 성경의 주된 목적은 언제나 하나님에 대해, 그분의 성품에 대해, 그분의 방식에 대해, 이 세상과 우리를 향하신 그분의 마음에 대해 우리에게 조금이라도 더 가르쳐서, 우리가 하나님을 더욱 신뢰하고 사랑하도록 하는 것이며, 우리가 살아가는 모습과 다른 이들과 소통하는 모습에서 하나님의 마음을 반영하도록 하는 것이다. 궁극적으로 룻기는 모두 하나님에 대한 내용이다. 나오미가 고난을 겪는 가운데, 하나님의 성품에 대한 시각이 위태위태해진다. 깊이 있는 신학이 부각되며, 그 신학은 우리 각자의 이야기가 지향해야 하는 하나님에 대한 진리다. 여기에서 우리는 나오미와 룻과 보아스의 눈을 통해 하나님을 볼 것이며, 또 이들이 깨달은 하나님의 사랑으로 인해 어떠한 영향과 능력을 받는지도 확인할 것이다. 하나님이 아닌 어떤 사람이나 일이 이 이야기의 중심 초점이 된다면, 우리는 핵심을 놓치고 말 것이다.

둘째 열쇠는, 이 짧은 이야기가 하나님의 더 위대한 이야기라는 틀 안에 있다는 것이다. 룻기는 에덴동산에서 하나님의 형상을 지닌 첫 사람 둘이 반역하고 대적 마귀에게로 가 버린 것에 대한 변명을 늘어놓고 있을 때 하나님이 시작하신 세상 구원 운동에서 전략적 위치를 차지한다. 정말로 끔찍한 순간이었지만, 하나님은 사랑하는 세상에 대한 비전을 결코 포기하지 않으셨다. 하나님은 여자든 남자든 인간들이 하나님과의 관계 속에서 번성할 세상, 하나님의 목적을 위해 힘을 모을 때 융성할 세상을 창조하셨다. 그리고 그분의 성품을 나타내고 그분의 세상에 있는 것들을 돌보는 지극히 높은 특권을 그분의 딸들과 아들들에게 주셨다. 우리에게 능력을 주셔서 우리가 하나님이 사랑하시는 세상에서 하나님을 대신하여 보고 듣고 말하게 하셨다. 하나님의 형상을 지닌다는 것은 가장 고귀한 부르심이다. 하나님을 대신하여 말하고 행동해야 한다는 엄청난 책임을 수반하는 부르심이다. 하나님은 복 받은 연합(Blessed Alliance)으로서 이 일을 함께하라고 그분의 자녀들을

부르신다(창 1:27-28).[2]

첫째, 이 말은 우리에게는 우리 창조주 하나님과의 관계가 구명 밧줄이라는 뜻이다. 모든 사람에게 최초이자 최고의 부르심은 하나님을 아는 것이며, 우리는 그분을 닮도록 창조되었다. 둘째, 이 말은 타락의 영향으로, 태초에 하나님이 우리를 위해 생각해 두신 바를 우리가 볼 수 없게 되었다는 뜻이다. 우리는 하나님이 처음 창조하신 모습을 찾을 수 없을 정도로 무너진 세상 가운데 살면서, 그 돌무더기들 속에서 하나님이 우리를 위해 생각해 두신 것을 알려 줄 단서를 찾으려고 샅샅이 뒤지고 있다. 그래서 하나님이 우리가 이제 살펴볼 것과 같은 여러 이야기를 우리에게 주신 것이다. 우리는 세상 문화를 거스르는 그 나라의 생활 방식의 본보기를 살펴보아야 하는데, 바로 그러한 생활 방식의 회복을 위해 예수께서 오셨다. 셋째, 이 말은 하나님의 형상을 지닌다는 것은 눈으로 보기만 하는 운동경기가 아니라 직접 뛰어야 하는 소명이라는 뜻이다. 즉 행동을 시작하라는 부르심이다. 하나님의 세상에서 일어나는 일이 우리의 일이다. 룻기에서는 주요 등장인물 세

---

2 더 자세한 것은 다음 책 참조. Carolyn Custis James, *Half the Church: Recapturing God's Global Vision for Women* (Grand Rapids: Zondervan, 2011); *Malestrom: Manhood Swept into the Currents of a Changing World* (Grand Rapids: Zondervan, 2015); and *Gospel of Ruth* (Grand Rapids: Zondervan, 2011).

명이 일어나서 이 고귀한 부르심을 받아들인다. 이들은 우리에게 하나님의 자녀들이 그분의 뜻을 위해 다 함께 자기 자신을 쏟을 때 터져 나오는, 그 나라의 희귀한 영향력을 보여 준다. 기가 막힌 아이러니는, 이 세 사람은 자신들의 사심 없는 행동이 세상에 지대한 영향을 미치리라고는 전혀 깨닫지 못했다는 것이다. 이들은 그저 한 지역의 가족 문제를 다루려고 했을 뿐이었다.

> **■ 복 받은 연합(BLESSED ALLIANCE)**
>
> "복 받은 연합"이라는 표현은 캐롤린 커스티스 제임스가 처음으로 만든 말로(*Lost Women of the Bible: The Women We Thought We Knew* [Grand Rapids: Zondervan, 2005], 37-38), 하나님이 그분의 형상을 지닌 여자들과 남자들에게 복을 주시면서 세상에서 함께 하나님의 일을 하라고 명하신 말씀을 바탕으로 한다.
>
> "하나님이 자기 형상 곧 하나님의 형상대로 사람을 창조하시되 남자와 여자를 창조하시고 하나님이 **그들에게 복을 주시며** 하나님이 그들에게 이르시되 생육하고 번성하여 땅에 충만하라, 땅을 정복하라, 바다의 물고기와 하늘의 새와 땅에 움직이는 모든 생물을 다스리라 하시니라"(창 1:27-28, 굵은 글씨는 저자 강조).
>
> 창세기에서는 이 복 받은 연합이 하나님 나라의 전략으로 승격한다. 이 연합은 결혼에 한정되지 않고 모든 여성-남성 관계를 아우르는 연합이다. 그래서 궁극적으로는 그리스도의 몸인 교회가 이 연합을 반영한다. 룻기에서는 룻과 보아스와 나오미가 한 지역의 가족 문제를 다루기 위해 힘을 모을 뿐이지만 다른 이들을 위한 이들의 자기희생적 행동을 통해 하나님이 역사하시며 세상을 향한 그분의 목적을 진척시키시는 강력한 사례를 제시한다.

1장 : 서론

셋째 열쇠는, 성경이 미국 책이나 서양 책이 아니라는 것이다.
성경을 펼칠 때마다 우리는 이 사실을 기억해야 한다. 서구인이 성경을 연구할 때 불리한 점은, 오늘날 서구 문명이 성경의 세계와는 너무나 동떨어져 있다는 것이다. 서구인은 성경 말고도 의미 있는 도움을 받아야 룻기의 전체 메시지를 왜곡하거나 폄하하거나 놓치지 않을 것이다. 다행인 점은, 오늘날은 다문화적이고 세계화된 세상이기 때문에, 가부장제 문화에서 살다 왔기에 우리를 도와줄 수 있는 사람들과 우리가 말 그대로 어깨를 비비고 있다는 것이다. 우리는 그들에게서 가부장제 문화의 사회적 현실을 배워야 한다.

룻의 이야기는 가부장제 문화라는 조건이 완벽한 곳에서 전개된다. 가부장제는 남성 우위의 특권을 인정하는 사회 제도로서, 가부장제에서는 남자들의 행동이 주목을 받는 반면 여자들은 (거의 예외 없이) 배경 속으로 희미하게 사라진다. 가부장제 아래에서 여자의 가치는 아버지와 남편과 같은 남자들, 특히 아들들에 따라서 정해진다. 아들들은 가부장제에서 여자의 가치를 결정하는 기준점이다. 나오미와 룻은 그러한 판단 기준의 영향을 심하게 받지만, 이 이야기를 미국인의 렌즈를 통해서 보면서 가부장제라는 배경을 묵살한다면 이들이 어느 정도로 영향을 받았는지 가늠하지 못할 것이다. 하지만 우리가 가부장제라는 배경에서 룻기를 보면 나오미와 룻이 직면한 심각한 위기와 이들 앞에 겹겹이 쌓인 지독한 고난을 깊이 실감하게 된다.

이스라엘과 모압은 룻기의 배경이 되는 두 문화다. 둘 다 타락한 문화이며, 둘 다 가부장제가 극렬했다. 성경의 모든 서사는 이러한 타락한 정황 안에서 일어난다. 이 말은 이스라엘과 모압의 세상에서든 우리의 세상에서든 우리는 인간들이 체계화하고 서로 이해하는 타락한 길을, 태초에 하나님이 창조하시고 예수께서 오셔서 회복하고자 하신 세상과 신중히 구별해야 한다는 뜻이다. 예수께서는 가부장제를 좀 더 부드럽고 무던하게 제시하려고 오신 것도 아니고, 인류가 아는 다른 어떤 사회 제도를 새롭게 개선하고자 오신 것도 아니다. 예수께서는 **"이 세상에 속한 것이 아닌"**(요 18:36, 굵은 글씨는 저자 강조) 나라를 우리에게 주려고 오셨다. 그 나라는 타락 때 우리가 상실한 나라며, 우리에게 완전히 낯선 나라다.

우리는 어느 정도 더 부드럽게 표현하기는 하지만 가부장제를 성경이 우리에게 주는 메시지로 단정해 버리는 실수를 종종 저지른다. 가부장제는 성경의 메시지가 **아니다.** 오히려 예수의 복음 메시지와 가장 뚜렷이 반대되는 편에 있는 문화 배경이다.

이렇게 구분 지으면 우리는 룻기가 타락한 문화 속에 불쑥 들어온 복음을 어떻게 보여 주는지, 또 룻과 보아스와 나오미가 할 선택과 희생을 어떻게 뒤집어서 이들이 당시 문화의 일 처리 방식을 따르지 않고 자기보다는 다른 이를 위하는 희생을 하도록 하는지 볼 수 있다. 실제로 이들의 행동은 가부장제의 가치 체계와 관습을 무너뜨리며, 하나님의 형상을 지닌 자로서 복음에 합당하게 살아가는 길을 알려 준다. 룻기는 여러 모로 가부장제를 비평하는 글이다. 가부장제의 가치관으로 보면 나오미와 룻은 사회에 크게 기여할 수 있는 가치나 능력을 전부 상실했다. 여호와께서는 그러한 가치 체계와는 반대로 하나님 나라의 중요한 목적을 위해 두 여인을 들어 올리신다. 룻의 결단에 대한 보아스의 응답은 남자인 자기에게 가장 유익한 바로 그 가부장제의 관습을 뒤엎는 것이었다. 보아스는 이러한 유익과 특권을, 룻에게 권한을 주고 나오미를 유익하게 하는 데 희생적으로 사용할 것이다. 그 과정에서 보아스는 예수님 나라의 남자다움이 무엇인지 보여 줄 것인데, 그것은 오늘날 세상에서 절대적으로 필요한 남자다움이다.[3]

나오미와 룻의 이야기를 이미 알고 있는 사람일지라도 이 짧은 이야기 속에서 펼쳐지는 드라마가 이전에 생각했던 것보다 더 강렬하게 전개되리라는 느낌을 받았을지도 모르겠다.

넷째 열쇠는, 성경이 예술적 문학작품이라는 것이다. 성경의 저자들은 작가이자 재능 있는 이야기꾼이었다. 이들은 단어 하나

---

3 더 자세한 것은 James, *Malestrom* 참조.

도 허투루 쓰이지 않도록 이야기에 아주 공을 들였다. 영어 성경에서는 성경 본문을 장절로 나누었기에 히브리어 성경에서는 매끄러웠던 장면 흐름이 종종 끊긴다. 그래서 어떤 멋진 일이 일어나는지 파악하고 싶다면, 의식적으로 앞 장면에서 일어난 모든 일을 다음 장면과 연결해야 하며, 첫 장면과 다음 장면을 그다음 장면과 연결하는 식으로 계속 읽어 나가야 한다.

모든 것이 중요하며 모든 것이 함께 뭉쳐 있다.

룻기의 배경은 이스라엘에 있는 베들레헴이라는 마을과 모압(오늘날 요르단)이라는 두 나라다. 사건은, 이 두 나라가 이어지는 길 위에서, 나오미의 집에서, 보아스의 밭에서, 보아스의 타작마당에서, 베들레헴 정부 소재지인 성문에서 일어난다.

히브리 저자들은 서구인 독자라면 대체로 짜증스럽다고 여길 글쓰기 전략을 사용한다. 서구인들은 단어를 다양하게 사용하는 것을 좋아하지 똑같은 단어를 되풀이하는 것은 듣기 싫어한다. 이러한 서구인들의 취향에 부응하여 영어 성경 번역자들은 히브리어 원문에서는 똑같은 단어였어도 각기 다른 단어로 대체하기도 한다. 그래서 고대의 저자들이 중요한 주제를 강조하거나 해당 이야기의 요점을 독자에게 알려 주려고 흘려놓은 단서를 번역 성경에서는 놓치기 쉽다. 룻기에는 이렇게 반복해서 나오는 단어가 여럿 있는데, 그 단어가 어떤 단어인지는 차차 살펴보겠다.

나오미, 룻, 보아스 이 세 주인공은 모두 이야기의 발단에서 결말에 이르는 동안 성격 면에서 의미 있는 성장을 한다. 하나님께서는 이 세 사람이 서로 영향을 미치게 하셔서 이들을 완전히 다른 인물로 바꾸어 놓으신다. 이 셋은 인간의 삶과 관계를 완전히 바꾸어 놓으시는 예수의 복음의 능력을 그분이 이 땅에 태어나시기 수백 년 전에 숨 막힐 정도로 근사하게 보여 준다.

두려움인가, 믿음인가?

2천 년대로 진입하면서 우리는 안전과 안정에 대한 위협을 여느 때보다 더 많이 의식하게 되었다. 테러, 전쟁, 핵무장 경쟁, 주식 시장 변동성, 세계화, 문화 격변, 자연재해, 지구 온난화와 같은 것들 때문에 두려움에 사로잡히기 쉬운 시대다. 오랫동안 당연하게 여기던 것들에 이의를 제기하고 우리를 미지의 세계로 밀어 넣는 변화가 빛의 속도보다 빠르게 일어나고 있다. 날마다 우리는 이미 알고 있으니 안전하다고들 말하는 과거로 물러서려는 충동과 알지 못하는 미래를 향해 희망을 품고 용기 있게 나아가려는 충동의 대립을 맞닥뜨린다.

나오미와 룻과 보아스 역시 격동의 시대를 살았다. 정치적 불안정, 국경 침해, 성 불평등, 인종 불균형, 국제적 긴장, 경제적 위기, 불의, 폭력, 전쟁, 자연재해가 국제 무대를 장악했다. "사사들이 치리하던 때에"는 그다지 시작이 좋지 않았다.[4] 케이블 뉴스를 접하거나 인터넷에 접속하지 않아도, 분명 이 세 주인공은 불안한 뉴스를 꽤 자주 접했을 것이다. 고향에 가까워질수록 가족 문제가 더 무겁게 나오미와 룻을 짓눌렀을 것이다. 기나긴 흉년에서 벗어나는 경제적 회복은 하룻밤 사이에 일어나지 않는다. 고대 사회에서는 남성 후계자가 없는데 가족이 사망하는 것만큼 두려운 일은 없었다. 모든 사람이 어려움에 허덕이고 있었다. 아무 문제가 없다면 틀림없이 도움의 손길을 내밀었을 사람들마저도 십중팔구는 각자 자기 문제에 골몰해서 이웃의 상황 따위는 들여다볼 겨를도 없던 시대였다.

타락 이후로 하나님의 세상에는 제대로 된 것이 아무것도 없으며 지금도 그러하다는 것을 생생하게 인식하면서 이렇게 형편없는 상황 속으로 들어가 보자. 하지만 엉망진창이고, 상실과 절망과 어둠이 있으며, 무서운 일이 일어날 것 같은 바로 이곳이, 하나님이 가장 뜻밖의 대리자들을 통해, 가장 가능성이 희박한 방식으로 놀랍게 역사하시는 곳이다. 하나님 나라는 기가 막히게 체제 전복적일 수 있다. 이곳에서 하나님은 자신의 자녀들을 향한 거침

---

[4] 참조. David Beldman, *Deserting the King: The Book of Judges* (Bellingham, WA: Lexham Press, 2017). 『왕을 버리다: 사사기』(이레서원, 2018).

없는 사랑을 아무도 생각지 못한 방식으로 다시 확인하실 것이다. 하나님의 자녀들이 하나님 대신 피조물을 다스리고 정복하는 비전, 본래 하나님이 품으신 바로 그 비전은 결코 흔들린 적이 없다는 것을 세상을 뒤흔드는 방식으로 생생히 보여 주실 것이다. 지금도 하나님은 그분의 형상을 지닌 자들이 그분이 사랑하는 세상에서 대리자가 되어 그분의 목적을 함께 이루어 나가기를 바라신다.

베들레헴에 있는 작은 공동체에 재난이 닥쳤지만, 흉년과 상실이 지나간 후에야 하나님께서 개입하셨다는 사실이 아이러니하다. 베들레헴 사람 두 명과 불법 체류자 한 명이 하나가 되었다. 이들이 두려움에 사로잡히기를 거부했다는 것은, 이제 전개되는 이야기가 "그 후로 행복하게 살았답니다"가 아니라, 세상을 향한 하나님의 목적을 진척시키면서 "베들레헴 스트롱!"(Bethlehem Strong!)이라고 외치며 끝났다는 뜻이다.

이제 시작하자.

| 읽어 볼 글들 |

- 룻기 1:1
- 사사기 2:6-19

| 생각해 볼 질문 |

01 룻기를 여자 욥인 나오미의 이야기로 보는 것이 기존에 당신이 룻기를 보던 방식이나 배웠던 내용과 어떻게 다른가?

_____

_____

02 여자 욥의 이야기가 왜 여자와 남자 **모두**에게 필요한가?

_____

_____

03 욥기와 성격이 비슷한 이 이야기에서 하나님이 어떻게 해서 중심이 되시는가? 또 성경의 어느 부분이든지 하나님을 중심으로 읽는 것이 왜 중요한가?

_____

_____

04 당신이 살아가는 세상과 나오미가 살아가던 세상이 (정치적으로, 문화적으로, 종교적으로) 비슷한 점이 있다면 무엇인가?

_____

_____

2장

나오미와 룻의 세상으로 들어가기

룻기 도입부의 몇 줄은 흔히들 따로 떼어놓고서는 일단 이야기에서 사건이 진행되면 잊어버리는 부분이다. 하지만 처음에 나오는 이 여덟 문장에는 우리가 전체 이야기를 읽어 나가는 내내 반드시 염두에 두어야 하는 주요한 정보가 담겨 있다. 문화적 맥락을 속속들이 톺아볼 때, 도입부에 담긴 이러한 사실들로 인해 앞으로 전개될 드라마의 비애감(pathos)이 짙어질 뿐 아니라, 우리가 내 이야기와 나오미의 이야기 사이에 있는 점들을 이어 가기 시작할 길도 트인다.

우리가 이러한 정보를 그냥 내버려 두는 이유 중 하나는 나오미의 상실이 나중에는 이익이 되는 결과를 낳기 때문이다. 나오미가 겪은 재난 덕분에 룻이 처음부터 이야기에 등장해서 결혼이 가능한 젊은 여성이자 신붓감으로서 보아스의 인생에 들어간다. 우리가 너무나 흔하게 듣는 나오미 이야기는 나오미에게 그토록 절절하게 공감하도록 전개되지 않는다. 오히려 우리는 나오미의 고통을 대수롭지 않게 여겨 왔으며, 나오미가 불평만 한다고 비난했다. 심지어 나오미가 자초한 문제라고 하면서, 그 문제를 나오미가 얼른 "극복하고" 넘어가기를 바라기까지 했다. 우리는 나오미에게 약간의 행운만 찾아온다면, 즉 며느리 룻이 재혼을 하고 아이를 낳기만 한다면, 나오미가 남편과 아들들의 죽음을 겪으면서 느낀 심적 고통이 치유될 수 있으리라는 말로 그럭저럭 우리 자신을 설득해 왔다. 더욱이 나오미는 우리의 관심을 끄는 인물도 아니다. 그래서 이야기가 점차 룻과 보아스의 우연한 만남이 임박해지는 쪽으로 나아갈수록 우리는 나오미의 비중을 주요 뉴스에 곁들이는 토막 뉴스 정도로 축소해 버린다.

그렇게 하면서 우리는 정작 룻기의 중요한 핵심에서 한 발짝 떨어져 버리게 된다. 그러므로 여기 도입부에서 우리는 잠시 멈춰서 나오미와 나오미가 겪은 상실을 좀 더 들여다보아야 하는데, 더욱 중요한 점은 가부장제라는 렌즈를 통해서 나오미가 당한 재난을 살펴보아야 한다는 것이다.

나오미의 정황

나오미에 대한 두 가지 사실 때문에 나오미의 상실이 더 두드러지게 보인다. 첫째는 나오미가 이스라엘 사람이라는 사실이다. 즉 나오미는 여호와의 딸이었으며, 아브라함의 자손이었고, 여호와께서 약속하신 복을 누릴 상속자였다. 이 이야기에 따르면, 상실을 경험한 나오미 속에서 격분과 불의의 감정이 그토록 심하게 일어난 이유 중 하나는, 하나님을 신실하게 따른다면 살면서 골치 아픈 일은 면하리라는 보상 심리가 있었기 때문일 것이다.

우리에게도 그와 비슷한 기대가 있는데, 올바르게 살아가는 이들에게는 평탄한 길이 있으리라 장담하는 책과 설교가 그러한 기대를 더 부추긴다. 나오미처럼 신실하게 살아왔고, 안 좋은 일이 생기지 않게 해 달라고 하나님께 기도했는데도 어떤 식으로든 그러한 일이 터지면 당혹스러울 수밖에 없다. 왜 나한테 이런 일이 일어나지? 왜 하나님은 기도에 응답하지 않으시지? 과연 하나님이 나를 신경 쓰기는 하시는 걸까?

인간을 사랑하시고 보살피시는 하나님을 믿는 이들에게 인생은 심오하면서도 신학적일 수밖에 없다. 나오미의 고통은 외부와 뚝 떨어져서 일어나지 않았다. 나오미는 자신의 상실과 여호와 사이를 직선으로 연결할 것이다.

그래서 "그 땅에 흉년이 드니라"는 말씀만 봐도, 이 이야기는 출발이 순조롭지 않은 것이다. 여기에서 이름을 특정하지 않은 "땅"은 하나님이 아브라함과 그 자손에게 약속하신 팔레스타인(가나안) 땅이며, 그 땅은 흉년으로 인해 황폐해진 땅이 아니라 "젖과 꿀이 흐르는" 땅이다. 왜 흉년이 들었는지에 대해서는 아무 설명이 없다. 그저 분명한 것은, 이 흉년을 시작으로 하여 이어진 기나긴 역경 때문에 나오미의 삶이 완전히 바뀌었으며, 결국은 신앙마저 위기에 처하게 된다는 것이다.

어느 시대든지 "흉년"은 가볍게 언급될 용어가 아니다. 유엔 뉴스에 흉년(기근)에 대해 이러한 내용이 실린 적이 있다(흉년과 기근을 엄격히 구분하면 흉년[year of bad harvest]은 "농작물 작황이 좋지 않아서 굶주리게 된 해"를 가리키고, 기근[famine]은 흉년이나 홍수와 같은 자연재해, 전쟁, 식량 생산 수단의 관리 잘못 등으로 일어난 "광범위하고 심각한 식량 부족 상태"를 가리킨다. 개역개정에서는 영어 famine에 해당하는 표현을 '흉년'으로 옮겼지만, 이 책에서는 같은 famine이라도 성경 인용인 경우에는 "흉년"으로, 그 외 경우에는 문맥에 따라 기근과 흉년으로 달리 옮겼다. 기근의 정의에 대한 부분은 스탠리 J. 그렌츠, 제이 T. 스미스의 『윤리학 용어 사전』[알맹e & 도서출판 100, 2018], 29쪽을 참조했다-역자 주).

현대에 와서는 사망자 수와 영양실조와 기아에 대한 특정한 기준이 충족되는 경우에만 기근이라고 선언한다. 그 기준은 다음

과 같다: 어느 지역에서 극심한 식량 부족에 직면했으나 그 식량 부족에 대처하지 못하는 가정이 20퍼센트 이상이며, 극심한 영양실조를 겪고 있는 사람이 30퍼센트를 초과하고, 일간 사망률이 만 명 당 두 명을 초과하는 경우.[5]

한 번도 기근을 경험하지도, 기근으로 황폐해진 지역을 가 본 적도 없는 서구인들은 무서운 식량 부족 사태나 우리 아이들이 굶어 죽어 가고 있다면 얼마나 먼 거리를 목숨을 걸고 기꺼이 갈 수 있을지에 대해서는 그저 상상으로만 알 뿐이다. 그 땅에 흉년이 너무나 심하게 들어서 (나오미의 남편인) 엘리멜렉이 가족을 챙겨서 베들레헴을 떠났다. 엘리멜렉 가족은 양식이 있는 모압으로 이주했다.

엄연한 사실은 엘리멜렉, 나오미, 두 아들 말론과 기룐이 기근 난민이라는 것이었다. 난민들이 전반적으로 겪는 고통과 불행에 대해 케이블 뉴스나 인터넷에서 빈번히 보여 주는 내용을, 엘리멜렉 가족이 처한 그 냉정한 사실의 배경에 놓아 보자. 우리는 그들의 고통을 멀리서 바라본다. 기근이나 전쟁이나 테러 때문에 고국에서 도망칠 수밖에 없는 상황도 틀림없이 힘들겠지만, 보통 난민

---

5 유엔 뉴스 센터의 다음 기사 참조. "When a Food Security Crisis Becomes a Famine," UN News Centre, July 21, 2011, www.un.org/apps/news/story.asp?NewsID=39113#.WL8jDRiZNxg.

2장 : 나오미와 룻의 세상으로 들어가기

수용소에서 난민들을 기다리고 있는 것은 한 가지 불행을 다른 불행과 바꾸는 일일 뿐이다. 우리는 (변변치 않은) 임시 보호소 사진을 보았고, 식량과 적절한 의복, 질병, 교육 중단과 관련하여 계속되는 도전과, 그 시련이 언제 끝날지는 아무도 모른다는 기운 빠지는 현실에 대한 소식을 들었다. 설상가상으로 난민들은 "타자"(他者)로 간주되어 그 지역에서 달갑게 여기지 않는 부담거리가 되고, 학대의 표적이 된다.

분명 나오미는 그러한 유배 생활이 수십 년 동안 이어지리라는 것은 말할 것도 없고, 자기가 기근 난민으로 살아가리라는 것을 상상도 하지 못했을 것이다. 이들은 고향을 떠나서 그곳에 "거류"하려고, 즉 잠시 동안만 지내다 오려고 했다. 하지만 일이 계획대로 풀리지 않았다. 나오미가 이러한 고통을 겪는 것을 보면서 우리는 오늘날 난민들을 볼 때 느끼는 것과 같은 깊은 공감과 연민을 느껴야 한다.

이것으로 끝이 아니다.

나오미의 상실을 더욱 두드러지게 하는 둘째 사실은, 나오미가 가부장제 세계에 있는 여자라는 것이다. 이미 우리가 살펴본 것처럼 가부장제 안에서 여자들은 (거의 예외 없이) 남자들에게 종속되어 있으며, 남자들이 이야기의 흐름을 주도한다. 나오미의 가치 평가는 가족 중 남자 구성원으로부터 비롯된다. 아내로서의 나오미의 주된 책임은 남편을 위해 아들들을 낳는 것이었다.

두 아들의 어머니였던 나오미는 남편에 대한 의무를 성공적으로 완수했기에, 나오미의 가치도 확실해 보인다. 하지만 남편 엘리멜렉의 죽음은 나오미에게 엄청난 충격이었을 것이다. 특히 모압에서 오도 가도 못 하는 난민 처지에서 남편을 잃었기 때문에 더욱 힘들었겠지만, 그래도 비통해하는 과부 나오미에게는 미래를 보장해 줄 이중 보험과 같은 두 아들이 있었다. 아들들이 나오미를 돌볼 것이다. 아들들은 엘리멜렉 가족이 다음 세대에도 이어지리라고 보장해 주는 존재들이었다.

그렇지만 아들들이 모압 여자들과 결혼했을 때 나오미의 마음이 편할 리는 없었을 것이다. 이스라엘 어머니라면 아들이 이방 여자와 통혼한다는 것은 생각할 수도 없는 일이며, 이스라엘 역사를 보더라도 나오미가 이방 여자들이 끼칠 이방 종교의 영향을 두려워할 이유는 충분하다(예를 들어 출 34:16; 민 25:1-3). 나오미의 며느리들은 이방인이었으며, 그모스를 섬겼다. 몇 세대가 지난 후, 성경은 솔로몬 왕의 이방인 아내들이 왕의 마음을 돌려서 따르게 한 여러 신들 중에서 그모스를 "모압의 가증한 그모스"라고 기록한다(왕상 11:1-7).

당시에는 아들이 절실히 필요했기에, 사춘기에 접어든 소녀라면 충분히 결혼할 준비가 되어 있다고 보았다. 그러므로 성경 시대에 아동 결혼은 흔한 일이었을 것이다. 말론과 기룐은 십 년 동안 결혼 생활을 했다. 그 십 년간 임신에 대한 언급이 전혀 없었다는 사실에서, 이 가족이 완전히 새로운 차원의 고통 때문에 괴로웠으리라고 짐작할 수 있다. 여자의 월경 주기가 보통 한 달이라는 것을 감안하면, 나오미는 며느리인 룻과 오르바와 함께 점점 더 고통스러워지는 실망을 무려 240번이나 겪은 셈이다.

오늘날에도 불임이 상당한 심적 고통이지만, 성경 시대에는 그 고통의 크기가 더욱 엄청났다. 사라, 리브가, 라헬, 한나와 같은 불임 여성들의 절박함에 대한 기술은 결코 과장이 아니다. 아들을 필사적으로 원했기에 이들은 극단적인 행동까지 했다. 사라와 라헬과 레아는 여종들을 대리로 내세워서 여주인인 자기들을 위해 아들을 더 낳게 했다. 오늘날의 표현으로 하면 성매매라고 부를 만한 일이다. 불임 때문에 한나는 극단적인 맹세를 하는데, 여호와께서 자기에게 아들을 주신다면 그 아들을 젖 뗀 후에 (즉 아주 어린 아이인데도) 성막에 바치겠다고 한다. 이 여자들은 모두 아들만을 간절히 바란다. 아무도 여호와께 딸을 달라고 간청하지 않았다.

가부장제 사회에 온 것을 환영한다.

내게는 가부장제 사회에서 성장한 탄자니아 친구가 하나 있는데, 이 친구의 설명에 따르면 자기네 문화에서는 임신을 못 하거나 딸만 낳는 아내는 고초를 겪는다고 한다. 그러한 경우에 남편은 아내와 이혼하거나 (한나의 남편처럼) 아내를 한 명 더 들인다고 한다. 일부다처제에서는 남편에게 선택의 자유가 있다. 남자에게는 반드시 아들이 있어야 하기 때문이다.

한 번도 임신을 못 한 채 십 년이 흐르자 룻과 오르바에게는 불임이라는 낙인이 찍혔다. 그즈음 나오미의 두 아들은 선택의 자유에 대해 생각하고 있었을지도 모른다. 그러나 오랫동안 기다리던 임신이 되거나 나오미의 아들 중 하나가, 아니면 둘 다 집안의 대를 잇는 데 필요한 아들을 확실히 얻을 다른 수단을 강구하기 전에 차마 말로 표현 못 할 일이 일어났다. 말론과 기룐이 다 죽은 것이다.

희망 만료

나오미는 상실이 쌓이는 가운데 여호와마저 침묵하시자 영적인 현기증이 일어났다. 아들들의 죽음은 평생 나오미가 한 일이 완전히 수포로 돌아갔음을 보여 준다. 고대 가부장제 문화라는 맥락에서 볼 때, 말론과 기룐을 장사 지내던 날은 본질상 나오미도 함께 장사된 날이었다.[6] 이제 자녀를 낳던 시절은 영영 가 버렸고, 나오

---

6 Bonnie Bowman Thurston, *The Widows: A Women's Ministry in the Early Church* (Minneapolis: Fortress, 1989), 25. 누가복음 7:11-17을 해석

미에게는 아무 미래도, 아무 희망도 없다. 폐경기가 지난 과부 나오미에게는 욥과 달리 다시 시작할 가능성이 전혀 없다.

아니, 더 험난한 미래만 있을 것이다. 가족 중 남자가 모두 죽자 나오미의 두 며느리는 위험에 처하게 되었다. 고대 문화에서 보호자가 없이 남편을 잃은 여자는 학대와 착취와 폭행, 심지어 성매매의 대상이 되는 경우가 흔했다. 가부장제 아래서 여성들에게는 독립적인 법적 권리도 없었으며, 여성들은 아무것도 주장하지 못했다. 서구 여성들이 당연히 누리는 권리와 보호가 나오미와 며느리들에게는 전혀 해당되지 않았다. 아무든지 이들을 학대하고서도 전혀 처벌을 받지 않을 수 있었다. 이들을 가해자들에게서 지켜 줄 남자가 없기 때문이다. 이들에게는 가난에 허덕이고 상처 입기 쉬우며 고통스러울 뿐인 두려운 미래가 보장되어 있다.

룻기는 세상에서 여자들이 겪는 곤경에 대해 전체 교회가 알도록 스포트라이트를 비춘다. 이 문제는 타락 시점부터 시작되어 대대에 걸쳐 확대되면서 현재에 이르렀다. 2009년에 뉴욕타임스가 선정한 베스트셀러 『절망 너머 희망으로』(*Half the Sky: Turning Oppression into Opportunity for Women Worldwide*)에서, 공동 저자 니

하면서 서스턴은 이렇게 말한다. "예수께서 이 남자를 죽은 자들 가운데서 일으키셨을 때, 사실상 그분은 그 사회에서 두 사람을, 즉 그 남자와 그 어머니를 부활시키신 것이다."

콜라스 크리스토프와 셰릴 우던은 전 세계에서 여성들과 소녀들을 상대로 자행되는 조직적인 인권 침해를 폭로한다. 이들의 연구에 나오는 여성들과 소녀들에 대한 인권 침해 사례에는 성매매, 명예 살인, 여성 할례, 여학생 교육 금지, 아동 결혼, 여성 학살, 일종의 전쟁 무기로 사용하는 강간과 같은 행태들이 들어 있다. 크리스토프와 우던은 이러한 사례를 과장 없이 직설적인 표현으로 소개하면서 이러한 문제들이 "21세기에 가장 중요한 도덕적 도전"으로서 오늘날 대단히 중요하다고 서술한다.[7]

룻기는 우리에게 이러한 위기를 볼 눈이 있다면 그 위기에 관여할 기회를 제공해 준다. 하지만 그 위기를 본다는 것은, 이 이야기를 완전히 다른 렌즈를 통해서 살펴본다는 뜻이다. 여성들을 위해 우리는 가부장제 세계를 더 깊이 살펴보아야 한다.

여자의 가치

룻기는 여자의 가치라는 주제도 제시하는데, 가부장제에서는 눈 하나 깜짝하지 않고서 대답하는 질문이다. 나오미의 가치는 어느 정도인가? 아들 수를 세어 보라. 그 문화의 점수 게시판을 보

---

[7] Nicholas D. Kristof and Sheryl WuDunn, *Half the Sky: Turning Oppression into Opportunity for Women Worldwide* (New York: Knopf, 2009), xvii. 『절망 너머 희망으로』(에이지21, 2010).

면, 나오미는 0점이다. 불임인 며느리 룻도 마찬가지다. 그런데 하나님도 이들을 그렇게 보시는가? 여자의 가치가 다른 이들에게서 나오는가? 아니면 결코 변할 수 없는 무언가에 바탕을 두고 있는가? 사별과 불임을 겪으면서 이 과부들은 자기들에게 의미나 가치를 부여해 주던 모든 것과 단절되었다. 가족 중 마지막 남자가 죽는 순간, 모압에 살든지 이스라엘에 살든지 상관없이 이들의 사회적 지위는 바닥으로 곤두박질쳤다.

나오미와 며느리들 자신이 이 사실을 가장 크게 느꼈을 것이다.

가부장제의 가치가 완전히 장악하고 있는 현대 문화에서도 가장 위험한 말은 "딸입니다!"이다. 물론 그러한 문화에서도 딸들에게 마음을 쏟는 부모의 사례가 눈에 띄기도 한다. 하지만 어디까지나 예외적이지 일반적이지는 않다. 아들은 아버지의 이름과 재산을 쌓아 올릴 것이다. 하지만 딸은 시집가서 다른 남자의 가족을 쌓아 올릴 것이다.

인도에서 산부인과 간호사로 일하던 한 여자가 이러한 가치관이 실행되는 것을 목격했다. 이 간호사는 산모가 아들을 낳을 때와 딸을 낳을 때의 반응이 얼마나 극적으로 다른지 말해 주었다. 아들이 태어나면, 시끌벅적하게 환호하고 축하하며 그 소식을 맞이한다. 그에 반해 딸의 출생 소식은 침묵으로 맞이한다. 그 간호사는 산모에게 딸아이를 안아 보라고 설득하기가 정말로 힘들었다며 고통을 토로했다. 아들을 낳지 못하면 보통 남편이나 시댁 식구에게 학대를 당할 것이다.

최악의 상실을 경험하자 나오미의 세상이 완전히 무너졌다. 나오미는 한때는 알고 있던 인생, 그러나 이제는 회복할 가망이 전혀 없는 인생의 검게 그을린 잔해 가운데 앉아 있다. 자신에 대한 그 문화의 태도를 받아들이는 것 말고는 달리 도리가 없다. 나오미의 세상에서는 누구라도, 아니 나오미 자신조차도 확실하고 분명하게 "이야기는 끝났다"라고 말할 것이다.

바로 여기가 여성들을 비하하는 세상의 방식에 성경이 동의하지 않는 지점이다. 놀랍게도, 이 지점에서 성경의 카메라는 아이가 없는 두 여성, 즉 아무것도 아닌 두 사람에게 주목하며, 이제 진짜 이야기를 시작한다.

두 여자의 곤경이 최대 관심사이지만, 하나님이 보시는 이 여자들과 이들의 가치에 대해 세상과는 근본적으로 판이한 성경의 견해 역시 이 이야기의 중심에 있다. 이 여자들은 정말로 암울한 미래를 향해, 자신들의 가치를 숫자로 나타내면 거의 0에 가까운 미래를 향해 어떻게 나아가는가?

| 읽 어 볼 글 들 |

- 룻기 1:1-5
- 이사야 1:17, 23; 10:1-2
- 마가복음 12:38-40
- 누가복음 20:45-47

| 생 각 해 볼 질 문 |

01 오늘날 난민들에 대한 보고서를 보면, 나오미가 겪은 기근과 난민으로서의 삶을 얼마나 새롭게 이해하게 되는가?

_____

02 모압에서 나오미의 삶은 어떻게 금이 갔는가? 이제 나오미는 얼마나 위험한 처지인가?

_____

03 당신도 나오미처럼 힘겨운 몸부림과 상실을 겪었다면 그것이 하나님을 어떠한 관점으로 보게 해 주었는가?

_____

04 이러한 몸부림이 중요한 이유는 무엇인가?

_____

3장

가눌 수 없는 슬픔

 대다수 난민의 유일한 꿈은 고국으로 돌아가는 것이다. 그러나 아무리 간절히 바란다고 해도, 귀향을 생각하면 복잡한 감정이 들 끓을 수밖에 없다. 고향, 익숙한 것들, "이방인"이라는 꼬리표가 떨어지는 것, 소속감 등을 생각하면 안도감을 느끼면서도, 불확실한 상황과 더불어 "고향"이 어떠한 모습일지, 안 보이는 사람은 누구일지, 예전 살림살이가 얼마나 많이 못 쓰게 되었을지를 생각하면 두렵기 짝이 없다.

 21세기는 난민의 삶이란 어떠한 것인지에 대한 고통스러운 교육 현장이었다. 테러와 폭격과 내전이 일어나고, 그와 함께 식량 공급이 중단되어 굶주릴 위험이 발생하였기 때문에 수백만 난민이 피난처를 찾아 필사적으로, 때로는 목숨을 걸고서 고향을 떠났다. 도시 전체가 쇠락하여 돌무더기가 되었다. 지역 사회는 해체되었다. 민간인 사상자가 수십만 명에 이른다. 셀 수 없이 많은 친척과 친구와 이웃이 영원히 사라졌다. 지중해는 수천 명이 수장된, 묘비 없는 수중 묘지가 되었다. 정원 초과의 밀수선에 탄 피난민 가족들이 유럽 해안에 닿지 못했다. 세 살짜리 시리아 난민 어린이의 작디작은 시신을 지중해 해변에서 찍은 사진이 널리 퍼졌을 때 (적어도 한동안은) 세계가 경악했으며, 동정심이 솟구쳤다.[8]

나오미는 베들레헴의 기근이 마침내 끝났다는 소식을 듣고서 고향으로 돌아가기로 결심했다. "여호와께서 자기 백성을 돌보시사 그들에게 양식을 주셨다"(1:6). 나오미가 돌아가려는 베들레헴은 폭격으로 완전히 파괴된 마을이 아니라 한때 기근에 시달렸으나 이제는 회복되고 있는 공동체였다. 베들레헴은 다시 그 이름의 뜻인 "빵집"에 걸맞은 마을이 되었다.

그렇지만 나오미가 돌아갈 베들레헴은 예전에 나오미가 알던 베들레헴과는 완전히 다른 곳이었다. 곳곳에 구덩이가 패어 있었다. 나오미가 자신을 보는 것과 똑같았다. 나오미는 자신을 "비어" 돌아온 사람으로(1:21), 속이 움푹 파인 사람으로, 한때 자신에

---

8 Anne Barnard and Karam Shoumali, "Image of Drowned Syrian, Aylan Kurdi, 3, Brings Migrant Crisis into Focus," *New York Times*, September 3, 2015, www.nytimes.com/2015/09/04/world/europe/syria-boy-drowning.html.

게 가치와 의미를 부여하던 모든 것이 다 빠져나가 버린 사람으로 묘사한다. 미래를 향한 애정 어린 소망 하나하나마다 즐겁던 예전 삶은 모압에 묻어 놓았다. 베들레헴에서는 눈에 익은 장소를 볼 때마다 옛 기억이 떠오를 테고, 남편과 아들들이 세상에 없다는 사실이 칼로 찌르는 듯이 고통스럽게 떠오를 것이다. 죽음은 나오미에게서 어머니로서 누리는 기쁨과 두 아들의 어머니가 마땅히 누릴 명예를 잔인하게 앗아갔다. 자기가 고향이라고 부르는 고장으로 돌아와서 여생을 보내는 것이 어떻게 보면 모압에서 난민으로서 고생하던 것보다는 형편이 조금 나아진 것일지는 모르지만, 나오미 인생의 마지막 시기에서는 그저 시간이 흐르는 것 말고는 아무 희망이 없었다. 나오미는 고향으로 가겠지만, 다시 살려고 가는 것이 아니라 죽으려고 가는 것이다.

오늘날 인도에서는 가족 중에 과부가 생기면 거추장스러운 존재로 여겨서 거지로 살아가도록 길거리에 내팽개친다고 한다. 그러한 일을 겪은 인도 과부들이 나오미를 대신하여 이렇게 말한다. "이건 사는 게 아니에요. 남편이 죽던 날 우리도 죽었어요. 우리가 겪는 고통을 도대체 누가 표현할 수 있겠어요? 너무나 슬퍼서 심장이 불속에 있는 것 같아요. 이제 우리는 그저 이 모든 게 끝날 날만 기다리는 수밖에 없어요."[9]

---

9 William Dalrymple, "The Outcasts," *The Sunday Times Magazine*,

하나로 묶는 유대 관계

중요하게 눈여겨보아야 할 점은, 가부장제 문화에서 가족들(대개는 아버지들)이 결혼을 성사시킬 때는 다른 가족과의 동맹을 통해 유익을 굳건히 하려는 의도가, 즉 그 결혼을 통해 지역 사회에서 가족의 위상을 높이려는 의도가 있다는 것이다. 앞에서 우리는 이러한 결혼이 영적인 관점에서 볼 때 나오미에게 얼마나 좋지 않았는지를 살펴보았다. 하지만 모압인인 며느릿감들에게도 좋지 않은 영향을 미쳤을 것이다. 이들의 아버지들이 주저하지 않고 자기 딸들을 기근 난민과 결혼시켰기 때문이다. 기근 난민들에게는 덕 볼 게 **아무것도 없다.** 결혼 협상에서는 신부 측 가족의 지위를 높여 줄 사회적 지위나 땅이나 재산이 중요한데, 기근 난민에게는 그러한 것이 하나도 없기 때문이다. 이를 하향 결혼이라고 부른다.

성경에서는 남자가 부모를 떠나 그의 아내와 합하여 둘이 한 몸을 이루라고 분명하게 명령하는 데 반해(창 2:24), 가부장제 사회에서는 오늘날에도 신부가 남편 가족에 흡수되어 버린다. 신부는 대를 이을 아들을 낳아야 한다는 엄청난 압박에 시달리며, 시댁 식구들을 섬겨야 하는 경우가 흔하다. 결혼은 돈(신부대[bride price]는 혼인을 하기 위해 신랑이 신부 아버지에게 지불하는 금품이나 가축으로, 신부의 출산 및 노동력의 대가다-역자 주)이 돌고 도는 일종의 금융 거래이

August 16, 1992, 24.

므로, 신부는 남편 가족의 재산이 된다.

나오미의 아들들이 어떻게 결혼을 하게 되었는지는 모르지만, 이어서 일어난 일로 미루어 볼 때 이 젊은 며느리들은 남편들이 죽었는데도 시어머니인 나오미에게 매여 있었다. 나오미가 그러한 관계를 바꾸려고 한 이유는 며느리들을 사랑하지 않거나 이들이 필요 없어서가 아니라, 베들레헴에서의 공허한 삶과 고통과 위험을 며느리들이 절대로 겪지 않기를 바라기 때문이었다.

나오미는 베들레헴으로 가는 길로 접어들 때까지 자신의 계획을 드러내지 않고 기다린 듯하다. 모압에 있을 때 그 문제를 끄집어낸다면 며느리들이 계속 모압에 있자고 설득할지도 모른다고 판단한 것 같다. 나오미가 며느리들을 놓아주려고 결심한 것이 이 이야기에서 처음으로 나오는 동정 어린 희생 행위다. 나오미의 괴로운 마음 상태와 미래에 대한 절망을 감안할 때, 나오미가 자기 유익보다 며느리들의 유익을 앞세울 정도로 침착했다는 것은 숨이 턱 막힐 정도로 놀라운 복음이다.

베들레헴으로 가는 길에서 겪은 위기

룻과 오르바를 모압으로 돌려보내겠다는 나오미의 결심은 간단명료하면서도 타당한 조치다. 나오미가 갑자기 걸음을 멈추고 고마움과 축복이 담긴 말로 며느리들에게 어머니의 집으로 돌아가라고 부드럽게 지시하는데, 이는 계속해서 베들레헴으로 가는 것을 반대하기보다는 모압으로 돌아가는 것을 찬성하는 쪽에 무게를 둔다. "너희는 각기 너희 어머니의 집으로 돌아가라 너희가 죽은 자들과 나를 선대한 것 같이 여호와께서 너희를 선대하시기를 원하며 여호와께서 너희에게 허락하사 각기 남편의 집에서 위로를 받게 하시기를 원하노라"(1:8-9a).

이 두 젊은 여자가 재혼을 통해 다시 사회에 융화된다면 조금이라도 미래나 "위로"가 있을 것이다. 베들레헴에서는 이방인인데다가 불임이 확실한 여자가 결혼할 가망은 전혀 없다고 보아야 한다. 룻과 오르바에게 모압은 고향이자 가족, 남자의 보호, 재혼 가능성을 의미하는 곳이었다. 그렇지만 수년 간 결혼 생활을 했는데도 아이를 낳지 못했기에 이들이 그나마 바랄 수 있는 최선의 것은 일부다처제 결혼에서 둘째 아내나 셋째 아내가 되어 일손을 더하는 존재가 되는 것이었다. 분별력 있는 남자로서 아들의 아버지가 되어야 한다는 자신의 본분을 충실히 지키려는 사람이라면 이 조건 외에는 불임인 아내를 맞이할 이유가 없다. 여하튼 이러한 조건이면 적어도 룻과 오르바가 남자라는 우산의 보호 아래에 있게 될 것이다.

나오미의 말을 듣고서 며느리들이 큰 소리로 울면서 둘 다 어머니와 함께 베들레헴으로 가겠다고 고집한다. 나오미도 물러서지 않는다.

나오미가 다시 강하게 말한다. 룻과 오르바에게 베들레헴에서 살아갈 험난한 현실을 이해시키고자 한다. 오늘날 서구 문화에서 남편을 잃은 여자들은 (나이가 많아도) 재혼을 해서 인생의 새로운 장(章)을 시작하곤 한다. 젊은 과부들은 직업을 갖거나 다시 노동 인구에 합류한다. 대다수가 남편을 잃기 전에 이미 경제적으로 안정되어 있거나 생명 보험의 혜택을 받는다. 고대 이스라엘 문화에서 남편을 잃고 홀로 된 여자들은 거의 예외 없이 사회의 밑바닥 계층에서 살아가야 했으며, 순식간에 위험에 처할 수밖에 없었다. 이들은 과부임을 표시하는 옷을 입기 때문에 해를 입기가 더 쉬웠다(창 38:14).[10]

나오미가 며느리들에게 모압으로 돌아가라고 강요하는 것은 자신을 향한 이들의 신의나 사랑을 시험하고자 함이 아니다. 룻과 오르바에게 가장 이익이 되도록 행동하고 있는 것이며, 이들이 험난한 길을 가지 않도록 하려는 것이다. 평균 기대 수명대로 며느리들이 나오미보다 더 오래 산다면, 이들은 더 오랫동안 발이 묶인 이방인으로서 더 위험한 상황에 처할 것이기 때문이다.

---

10 복음서를 보아도, 아무 설명이 없어도 과부를 바로 알아볼 수 있었다(눅 7:12; 막 12:41-44). 오늘날에도 엄격한 가부장제 문화에서는 여전히 이러한 관습을 지키고 있다.

그래서 나오미는 며느리들이 베들레헴에서 만날 절망뿐인 미래에 대해 하나도 빼지 않고 다 말한다. 그 내용의 중심에는 모세 율법에서 남자가 아들 없이 죽었을 때를 대비한 법적 안전망인 계대 결혼법이 들어 있다. 이 가족법은 오래전 출애굽 전부터 가부장제 사회에서 실행되었으며, 다른 문화에서도 볼 수 있다.[11] 계대 결혼에서는, 남자가 아들 없이 죽으면 그 남자의 피붙이인 형제가 그 과부와 결혼을 해야 한다고 규정한다. 그 결혼 관계에서 가장 처음 태어난 아들이 가계도에서 그 죽은 남자를 대신할 것이다.[12] 이 계대 결혼법에 대해서는 나중에 더 자세히 살펴보겠다. 다만 지금 나오미가 강조하는 바는 무엇보다도 자기는 죽은 남편의 대를 이을 아들이 현재 살아 있지 않은 과부이며, 임신이 가능한 나이가 지났다는 점이다. 아주 기적적인 일이 일어나서 당장 그날 밤에 자기가 결혼을 해서 쌍둥이를 임신한다고 해도, 그 아기들이 자라서 결혼할 나이가 될 때까지 오르바와 룻이 기다린다는 것은 말도 안 되는 일이라는 것이다. 더욱이 나오미는 폐경이 되었기 때문에

---

11 창세기 38장에 나오는 유다와 다말의 이야기도 계대 결혼 관습에 초점을 맞춘다.
12 "형제들이 함께 사는데 그 중 하나가 죽고 아들이 없거든 그 죽은 자의 아내는 나가서 타인에게 시집 가지 말 것이요 그의 남편의 형제가 그에게로 들어가서 그를 맞이하여 아내로 삼아 그의 남편의 형제 된 의무를 그에게 다 행할 것이요 그 여인이 낳은 첫 아들이 그 죽은 형제의 이름을 잇게 하여 그 이름이 이스라엘 중에서 끊어지지 않게 할 것이니라"(신 25:5-6).

어찌 되었든지 간에 계대 결혼법이 오르바와 룻에게는 무의미했다. 그들 앞에 놓인 길에는 소외와 배제가 따라붙으며, 무서울 정도로 연약함, 가난, 굶주림이 나타나며, 유대인도 아니고 이교도이며 불임인 여자들이 결혼 시장에 다시 들어갈 가망은 전혀 없었다. 나오미는 그러한 현실을 알고 있었고, 외국 문화 속에서 직접 살아 본 경험도 있었다. 이 모든 것을 고려할 때 모압으로 돌려보내는 것이 가장 설득력이 있었다. 특히 오르바와 룻은 모압으로 돌아가면 최소한 결혼할 가망이라도 있었다.

이것은 또 다른 결과도 낳았다.

▌ 아들을 절실하게 바라다

역사를 통틀어 볼 때 가부장제의 가치관이 팽배한 문화에서는, 대를 이을 때 반드시 필요한 아들을 낳지 못하는 아내들은 견디기 어려운 수치와 거절을 당했다. 아이를 낳지 못한 아내에게는 남편과 시댁 친척들이 처벌을 가했는데 그 방식이 잔인하여 때로 생명을 위협할 수준인 적도 있었다. 그러나 의학 연구에 따르면 불임의 원인은 남자와 여자 모두에게 똑같이 있고, 20세기 초에 과학자들은 아이의 성별을 결정하는 것이 아버지의 X, Y 염색체이지 어머니의 염색체가 아니라는 사실을 증명해 냈다. 얼마나 많은 여성이 자기가 짓지도 않은 "범죄" 때문에 유죄 판결과 벌을 받았는지는 아무도 모른다.[13]

---

13 Mayo Clinic Staff, "Infertility–Symptoms and Causes," *Mayo Clinic*, www.mayoclinic.org/diseases- conditions/infertility/symptoms-causes/dxc-20228738 (해당 사이트에 2017년 9월 14일에 접속).

3장 : 가눌 수 없는 슬픔

영혼의 어두운 밤

자신의 상황과 미래의 암울한 현실이 말로 표현되어 나오자, 마치 순식간에 무너져 버리는 댐처럼 슬픔이 쏟아져 나와 나오미를 뒤덮었다. 나오미가 자신의 완전한 상실을 애통하며 큰 소리로 말하는 순간, 고통이 신학적으로 표현된다. "내 딸들아 그렇지 아니하니라 여호와의 손이 나를 치셨으므로 나는 너희로 말미암아 더욱 마음이 아프도다"(1:13b).

이 시점에서 비애감(pathos)의 소리가 점점 더 크게 들리기 시작하지만, 여기에서는 일단 화면을 잠시 정지하고, 나오미가 자신이 겪은 최악의 상실을 여호와와 곧바로 연결할 때 나오미에게 어떠한 일이 일어나는지에 초점을 맞추는 것이 매우 중요하다. 나오미는 자기 문제가 결국은 여호와에게서 비롯되었다고 본다. 바로 이 부분에서 나오미를 비난하는 자들이 등장한다. 나오미는 자신의 상실에 대해 하나님께 화를 냈다는 이유로 비난받는다. 이들은 손을 들어 그녀를 치신 하나님을 비난했다며 나오미를 꾸짖는다. 고통스러워한다고 해서 나오미를 비난한다. 믿음이 있는 여자라면 분명 믿음으로 손을 뻗을 테고, 용기를 더욱 북돋아 주는 말을 할 것이다. 특히 믿지 않는 며느리들이 앞에 있다면 말이다.

하지만 우리는 욥과 같은 장면을 목격할 것이다. 나오미가 자기 마음속에 있는 것을 토로하는데, 그 말이 욥의 말을 그대로 반영한다. 욥은 이렇게 솔직하게 말했다. "[여호와가] 나를 세워 과녁을 삼으시고 그의 화살들이 사방에서 날아와 사정없이 나를 쏨으로 … 나의 영혼을 괴롭게 하신 전능자"(욥 16:12-13; 27:2).

고통받는 두 사람, 나오미와 욥의 이야기와 그들의 솔직한 애통함이 성경에 기록된 까닭은 우리에게 유익을 주기 위함이다. 우선, 우리가 생각하고 느끼는 바를 이미 아시는 하나님께 정직하게 말할 기회가 이들 덕분에 열렸다. 어느 관계든지 중심에 정직이 있다면 진정한 관계로 발전할 수 있다. 시편에는 애통을 표현하는 시가 월등히 많다. 우리의 이야기와 우리가 사랑하는 이들의 이야기에 난입하는 비극과, 우리를 사랑하시는 하나님을 연결하는 것이 불가능한 경우가 비일비재하다. 우리가 알지 못하는 이들이 겪는 고통에 대한 뉴스를 들을 때면 "도대체 왜?"라는 질문이 더더욱 수면 위로 터져 올라오지 않을 수 없다. 성경에 따르면 그러한 질문은 단순히 해도 되는 정도의 질문이 아니라 중요한 질문이다. 성경에서 나오미와 욥만 하나님께 화를 내고 하나님과 맞붙어 싸운 것은 아니다. 우리는 고난 덕분에 고통스럽지만 사라지지는 않을 질문을 들고서 하나님께 초점을 고정하게 된다. 룻기의 중심에 있는 것이 그러한 나오미의 고통과 그 고통이 야기한 질문이다.

나오미는 진실한 신자였으며, 평생 여호와를 따랐고, 하나님의 약속을 기업으로 받은 아브라함의 딸이었다. 나오미는 자기나 가족 중 누군가가 저지른 잘못 때문에 자신에게 이 모든 재앙이 닥친 것은 아닌가 하는, 즉 자기를 살펴보는 질문에 사로잡히지 않았다. 그저 더 큰 상실, 즉 자신을 향하신 하나님의 사랑을 잃은 것은 아닌지 의심했다. 인생이 끝난, 아무것도 없는 늙은 여인에게 하나님이 왜 마음을 쓰시겠느냐는 것이다.

룻기의 나머지 부분은 나오미의 이러한 이의 제기에 대한 답변이다. 여호와께서는 욥에게 하신 것처럼, 나오미의 질문에 대답하지 않으실 테고, 왜 나오미가 그토록 심한 비극을 겪는지 설명해 주지도 않으실 것이다. 다만 그 힘겨운 씨름을 통해 나오미는 자신을 향한 하나님의 마음을 더 잘 이해하게 될 것이다. 우리에게는 나오미와 같은 씨름과 고통이 필요하다. 우리에게는 나오미가 필요하다. 우리에게는 나오미의 애통이 필요하다. 우리에게는 하나님의 사랑에 대한 나오미의 의심이 필요하다. 우리는 속절없이 혼자 큰 소리로 울부짖거나 분노하고 의심하고 있는 누군가의 곁에 앉아서 그가 자신의 진심을 토로하도록 해 줄 수 있어야 하기 때문이다.

나오미가 절망 가운데 울부짖었기 때문에 그다음에 이어서 일어나는 일이 더욱 놀라운 일이 된다.

| 읽어 볼 글들 |

- 룻기 1:6-13
- 욥기 27:2-4
- 예레미야 3:12-13
- 시편 13편

| 생각해 볼 질문 |

01 당신은 나오미와 욥을 어떻게 비교하겠는가? 두 사람은 어떠한 차이가 있는가?

_____

02 가부장제 문화에서 나오미처럼 아이가 없이 남편을 잃은 여자가 미래에 대해 전망할 수 있는 부분을 현대 서구 문화에서 전망할 수 있는 부분과 비교하면 어떠한가?

_____

03 그렇게 비교해 보면 고대 가부장제 문화의 렌즈가 아니라 미국인의 눈으로 성경을 보는 것에는 어떠한 심각한 문제가 있는가?

_____

04 나오미의 정직함이 당신에게 어느 정도로 자신의 슬픔과 의심과 분노에 대해 하나님께 솔직해지라고 권하는가?

_____

4장

불법 체류!

　미국의 역사는 넓게 보면 이민자들의 이야기다. 미국 원주민(아메리카 대륙에 원래 살던 사람들의 후손)이나 원하지 않았는데 끌려온 노예(아프리카계 미국인과의 성매매나 강제 노동을 위해 팔려온 사람)를 제외하고는, 가장 먼저 미국에 온 사람들의 동기를 추적해 보면 이민이 나올 것이다.

　아메리카 대륙에 가장 먼저 발을 디딘 유럽인들은 왕복 티켓을 가지고 여행을 온 것이 아니었다. 그들은 체류하려고 왔다. 그 후로 미국의 열린 문 앞에 사실상 세계 모든 나라에서 온 이민자들이 도착했다. 200년 이상이 지나자, 이민자들이 미국을 건설한 것처럼 보이게 되었다. 자유의 여신상은 미국이 이민자들을 환영한다는 것을 보여 주는 동상이다.

2016년 대선을 치르면서 이민자들에 대한 미국의 태도가 확실하게 변화되었다. 대선 유세 동안에도, 대선 유세가 끝난 후에도 거센 정치 폭풍의 중심에 이민자들이 있었다. 미국인들 사이에 외국인 테러리스트에 대한 공포와 "타자"(他者)에 대한 짙어진 불신이 확대되었다. 이민자들을 범죄자로, 난민으로 가장하고 은밀히 들어온 테러 가능자로 희화화한 그림과, 이민자들이 일자리를 빼앗고 있으며 미국의 복지 · 의료 · 교육 혜택을 받고 있다는 분노가 이러한 공포와 불신에 기름을 부었다. 미국에서는 이민자들을 환영하는 현관 매트가 걷히고, 대신 입국 금지와 장벽과 대량 추방에 대한 논의가 깔렸다.

"불법 체류" 이민자들이 특히 해를 입기 쉬워졌다. 이들은 적법한 이민 서류나 절차 없이 미국에 몰래 들어왔기에 추방의 중점적인 대상이 되었다. 일단 두려움이 미국인들을 사로잡자 그 두려움이 미국 이민자들에게 전염되었는데, 이들 이민자 대다수는 수십 년 동안 미국에서 거주했으며, 열심히 일했고, 미국 경제에 기여했으며, 이들의 자녀들은 미국에서 태어났거나 미성년자일 때 국경을 넘어왔기에 미국 생활에 대한 기억밖에는 없는 완전한 미국인이었다.

성경에 나오는 이민자들

성경의 역사 역시 넓게 보면 이민자들의 이야기다. 하나님께서는 아브라함을 이민자가 되라고 부르셔서 이라크(우르)에서 터키(하란)로, 결국에는 팔레스타인(가나안, 창 12:1, 4-5)으로 이주하게 하셨다. 아브라함의 손자 야곱과 야곱의 아들들(이스라엘 열두 지파의 조상)은 팔레스타인 지방에 기근이 심하자 이집트로 이민을 갔다(창 46:1-27). 이들은 결코 이집트를 떠나지 않았다.

여러 세대가 지난 430년 후에(출 12:40), 모세와 여호수아가 전체 이민자들(야곱의 후손들)을 이끌고 이집트에서 나와서 40년 동안 여행하다가 팔레스타인으로 돌아가서 그곳에 정착한다. 모세 율법에는 이스라엘 가운데 있는 ("이방인"[foreigner]이라고도 알려진) 이민자들에 관한, 또 이스라엘 백성이 그 이민자들을 어떻게 돌보아야 할지 하나님이 기대하시는 엄격한 명령이 다수 들어 있다(출 22:21; 23:9, 12; 레 23:22; 신 10:18-19). "거류민(foreigner)이 너희의 땅에 거류하여 함께 있거든 너희는 그를 학대하지 말고 너희와 함께 있는 거류민을 너희 중에서 낳은 자 같이 여기며 자기 같이 사랑하라 너희도 애굽 땅에서 거류민이 되었었느니라 나는 너희의 하나님 여호와이니라"(레 19:33-34).

구약 선지자들은 이스라엘 지경 안에서 이주민들이 당하는 불의를 신랄하게 비난하는 설교를 했다(렘 7:6; 22:3; 겔 22:7, 29; 말 3:5).

예수께서도 당연히 이스라엘 백성뿐 아니라 이방인들을 위해서도 기적을 행하셨다.

밀어내기, 당기기

우리가 살펴보는 내용의 초점인 젊은 이주민 룻은 요르단(모압) 출신이다. 룻의 이야기가 오늘날에 펼쳐졌다면, 룻은 아랍인으로, 또는 아마 무슬림으로 분류되었을 것이다. 이 모든 것에도 불구하고, 룻은 거침없이 요르단 국경을 넘어서 이스라엘로 건너왔다. 국경에는 요르단인 입금 금지 명령도, 보안 검문소도, 장벽이나 철조망도, 드론이나 국경 순찰대도 없었다. 지나친 신원조회도 전혀 없었다. 여권도 비자도 영주권도 없었던 룻에게는 다행이었다.

룻이 "불법 체류" 상태였다고 말할 수도 있다.

이민 유형 연구자들은 이민을 가는 이유를 "밀어내기"(push)와 "당기기"(pull) 요인이라는 면에서 설명하는 이론을 발전시켰다.[14] **밀어내기** 요인은 사람이 고국을 떠나도록 몰아붙이는 모든 것으

---

14 "국제 이민의 밀어내기와 당기기 요인"(Push and Pull Factors of International Migration)은 네덜란드 협동 인구 연구소(Netherlands Interdisciplinary Demographic Institute[NIDI])와 EU의 공식 통계 기구인 유럽 연합 통계청(Eurostat)에서 국제 이민의 흐름을 결정하는, 밀어내고 당기는 요인의 연구를 의뢰받아서 실시한 연구다. 이 연구는 1994년에 시작해서 2002년에 마무리되었다. https://web.archive.org/web/20061010035808fw_/http://www.nidi.knaw.nl/web/html/pushpull/index.html (해당 사이트에 2017년 9월 14일에 접속).

로, 어쩔 수 없는 기근, 폭력, 전쟁, 박해, 가난과 같은 것들이다. **당기기** 요인은 그러한 사람들을 특정 국가로 끌어당기는 근접성으로, 온화한 기후, 더 여유로운 경제 상태, 교육, 일자리, 정치적 망명, 먼저 이민을 떠난 친척과의 결속과 같은 것이다.

2012년 미국 갤럽 조사에 따르면 세계 성인의 13퍼센트(6억 4천만 명이 넘는 사람들)가 할 수만 있다면 다른 나라로 영구 이주를 가고 싶어 했다.[15] 그중 가장 높은 비율을 차지하는 사람들(23퍼센트, 약 1억 5천만 명)이 선택한 목적지는 미국이었다. 그다음은 (7퍼센트) 영국이었다. 이 연구는 모두가 인정하는 "이민자들이 가장 가기를 바라는 목적지"라는 별명을 미국에 붙여 주었다. 아메리칸 드림이 인기 있는 **당기기** 요인인 것이 분명하다.

룻의 경우에 가장 중요한 **밀어내기** 요인은 시어머니였지만, 나오미의 밀어내기는 방향이 달랐다. 나오미는 며느리들이 모압에서 떠나도록 밀어낸 것이 아니라, 모압으로 돌려보내려는 운동을 단호하게 전개한다. 나오미가 그렇게 하는 것은 인종차별주의자이기 때문이 아니라 현실주의자이기 때문이다. 나오미는 며느리들을 함부로 대하지 않는다. 나오미의 행동을 설명하기에 가장 어

---

15 John Clifton, 150 Million Adults Worldwide Would Migrate to the USA," *Gallup*, April 20, 2012, www.gallup.com/poll/153992/150-Million-Adults-Worldwide-Migrate.aspx.

울리는 표현은 "긍휼히 여기는"이다. 나오미는 돌아서지 않는다면 장차 맞닥뜨릴 수밖에 없는 기나긴 고난의 길을 며느리들만이라도 걷지 않게 하려는 생각만 했다.

나오미가 살던 세상을 낭만적으로 여기지 않도록, 우리는 남성 우위 문화에서 여성이 협상 카드에 불과한 경우가 흔하다는 점을 기억해야 한다. 아브라함과 사라가 자기들을 위해 아들을 낳도록 하갈의 생식 기관을 자기들 마음대로 사용한 것을 떠올려 보라(창 16:1-5). 롯은 폭도가 요구하는 대로 남자 손님들을 밖으로 내보내는 것을 거부하고, 대신 자기 딸들을 격분한 성 범죄자 무리에게 넘기려고 한다(창 19:4-8). 야곱의 장인 라반은 자기 딸인 레아와 라헬, 또 두 여종을 볼모로 삼아 야곱을 복잡한 상황으로 끌어들인다(창 29:16-31). 과부에 대한 학대는 여호와의 선지자들을 격분하게 했다. 이사야의 직설적인 발언을 떠올려 보라. "불의한 법령을 만들며 불의한 말을 기록하며 가난한 자를 불공평하게 판결하여 가난한 내 백성의 권리를 박탈하며 **과부에게 토색하고** 고아의 것을 약탈하는 자는 화 있을진저"(사 10:1-2, 굵은 글씨는 저자 강조).

성경 시대 때 가장 해를 당하기 쉬운 네 부류는 과부, 고아, 가난한 자, 외국인이었다. 이들은 심각하게 공격당했다. 나오미의 며느리들이 이 네 부류에 모두 속할 위험에 처해 있었다. 이들은 분명히 과부이고 가난한 자이며 외국인이었다. 베들레헴과 모압 사이의 거리를 감안하면, 곁에서 보호해 줄 아버지가 없었으므로 고아라는 꼬리표마저도 이들에게 어울린다.

> **외국인 나그네를 위하시는 하나님의 마음**
> "너희의 하나님 여호와는 신 가운데 신이시며 주 가운데 주시요 크고 능하시며 두려우신 하나님이시라 사람을 외모로 보지 아니하시며 뇌물을 받지 아니하시고 고아와 과부를 위하여 정의를 행하시며 **나그네를 사랑하여** 그에게 떡과 옷을 주시나니 **너희는 나그네를 사랑하라** 전에 너희도 애굽 땅에서 나그네 되었음이니라"(신 10:17-19, 굵은 글씨는 저자 강조).

나오미의 논리에 따르면 가장 강력한 **당기기** 요인 대부분이 모압에 있다. 나오미는 며느리들을 고향으로 보내려고 재차 설득한다. 오르바가 설득에 넘어갔다. 오르바가 울더니 나오미에게 작별의 입맞춤을 하고서는 모압으로 향한다.

여기서 오르바의 행동이 비난받지 않는다는 점을 중요하게 눈여겨보아야 한다. 오르바는 룻을 돋보이게 하는 역할을 했다. 오르바의 결정은 앞으로 룻이 내릴 결정과 뚜렷하게 대조되는데, 오르바가 잘못된 선택을 했기 때문이 아니라 수긍할 만한 선택을 했기 때문이다. 이 모든 사실과 관련하여 모압으로 돌아가겠다는 오르바의 선택은 시어머니에게 충실하게 복종하는 것일뿐더러 가부장제 아래에 있는 며느리라면 응당 서야 하는 줄에 서 있는 것이다. 그뿐만 아니라 오르바는 나오미가 그 순간에도 끈질기게 자기를 붙잡고 있던 룻도 돌아가게 하려고 마지막으로 시도할 때, 룻에게 결정타가 될 주장을 나오미에게 제공했다. 그 주장은 결국 "동료 집단 압력"(peer pressure)으로 압축된다.

나오미가 오르바에게 찬성하고, 지평선 너머로 점점 멀어져 가는 오르바의 순종적인 모습을 가리키면서 룻을 재촉한다. "보라 네 동서는 그의 백성과 그의 신들에게로 돌아가나니 너도 너의 동서를 따라 돌아가라"(1:15). 나오미가 룻에게 떠나라고 명령한다. 그런데 간단하고 현실적인 결정이던 나오미의 말이 이번에는 신학적 선택으로 바뀐다. 나오미가 규정하는 밀어내기와 당기기가 순식간에 뒤바뀐다.

베들레헴으로 가는 길에서의 맹세

갑자기 모압이 밀어내는 쪽이 되고, 베들레헴이 당기는 쪽이 된다. 이 이야기에서 무척이나 완강하며 의지가 흔들리지 않는 며느리를 나오미가 당해 내지 못하는 너무나 놀라운 장면이다. 시어머니의 말을 통해 룻은 자기 결정에 걸린 판돈이 엄청나게 커지는 갈림길에 접어든다. 이제 룻의 선택은 그저 모압과 베들레헴 중 하나를, 혹은 자기 친정과 나오미 중 하나를 선택하는 것에 그치지 않는다. 모압의 신인 그모스냐, 아니면 나오미가 격분하여 비난하는 여호와냐 하는 선택이 된다. 시어머니가 바라는 바가 분명

했고, 그 명령에 권위가 있었는데도, 또한 제삼자라도 룻에 대해서 생각하는 바가 있었을 텐데도, 룻은 급진적인 선택을 내린다. 룻이 단호히 시어머니를 받아들인다는 사실이 나오미를 완강하게 붙잡는 데서 나타난다. 이제는 룻이 시어머니가 할 일을 말한다.

룻이 나오미에게 그만하시라고 간청한다. 구약 성경학자인 로버트 R. 허버드는 이 부분을 이렇게 번역했다. "저한테 어머니를 버리라고, 어머니를 따라가는 것을 포기하라고 강요하지 마세요"(1:16).[16] 그리고 죽을 때까지 유효한 맹세가 이어진다. 룻은 나오미가 죽을 때까지 곁에 머물겠다고 맹세한다. 자기는 어머니와 함께 묻히겠다고 한다. 그런 다음 나오미를 건너뛰고 여호와를 언급하면서 자기가 약속을 어긴다면 방금 나오미가 대적처럼 묘사한 그 하나님 여호와께서 자기를 정말로 심하게 벌하실 것이라고 한다.

"룻이 이르되 내게 어머니를 떠나며 어머니를 따르지 말고 돌아가라 강권하지 마옵소서 어머니께서 가시는 곳에 나도 가고 어머니께서 머무시는 곳에서 나도 머물겠나이다 어머니의 백성이 나의 백성이 되고 어머니의 하나님이 나의 하나님이 되시리니

---

16 Robert L. Hubbard Jr., *The Book of Ruth*, New International Commentary on the Old Testament (Grand Rapids: Eerdmans, 1988), 114.

어머니께서 죽으시는 곳에서 나도 죽어 거기 묻힐 것이라 만일 내가 죽는 일 외에 어머니를 떠나면 여호와께서 내게 벌을 내리시고 더 내리시기를 원하나이다 하는지라"(1:16-17).

룻은 생명을 위협하는 말, 즉 자기가 나오미를 버린다면 자기 생명이 위험해질 것이라고 표현한다. 허버드는 이 본문을 "**그러므로** 내가 죽는 일 외에 어머니를 떠나면 여호와께서 저를 치시되 더 심하게 치시기를 원하나이다"(굵은 글씨는 저자 강조)로 번역하면서, 여기에서 룻이 "그러므로"라고 말할 때 목을 확 베는 동작을 하는 모습을 그려 보인다.[17]

이 말에 나오미가 얼마나 충격을 받았을지 전혀 짐작할 수 없다. 나오미의 관점으로는, 또 일반 통념에 따르면, 룻은 지금 자기 목숨을 버린 셈이었다. 우리가 아는 바는 이 나이 많은 과부 나오미가 룻에게 다시는 이 이야기를 꺼내지 않으며, 이 두 사람이 아무 말 없이 함께 베들레헴을 향해 간다는 사실뿐이다.

---

[17] Hubbard, *Book of Ruth*, 119. 허버드는 이렇게 설명한다. "여기에서 뜻이 모호한 '그러므로'(Thus)는 근본적으로 고대에 조약이나 언약을 엄숙하게 선언하는 의식(儀式)에 쓰이는 정형화된 문구에서 나왔다. 선서를 할 때, 상징적인 행동(예를 들어 요즘 같으면 손가락으로 목을 긋는 제스처)은 의식 초반에 행하는 동물 도살을 넌지시 가리키며, 말하는 사람이 약속을 위반하면 비슷한 운명에 처할 것을 환기시킨다. 그러므로 룻은 다음에 명시된 상황이 발생한다면 끔찍하고도 불특정한 결과를 자발적으로 받아들여야 할 것이다. 여호와에 대한 나오미의 증언(1:13, 20-21)을 감안할 때 룻은 최악의 상황을 예상할 수 있었을 것이다."

룻이 강력하게 내뱉은 이 말은 사실 문맥에서 벗어났고, 결혼식에서나 언급하는 말이다. 그 말 자체로는 아름다운 내용이고, 결혼 서약과 관련이 있다. 하지만 문맥 안에서 이 말을 받아들이지 않으면 큰 것을 놓치게 된다.

이 말은 룻의 인생 이야기에서 핵심이 되는 점을 표시하는 말이다. 그 이유는 첫째로, 룻이 가부장제 아래에 있던 젊은 여자였기에 결정을 내리는 일은 룻의 업무가 아니었기 때문이다. 장차 결혼할 남편과 관련된 발언을 할 권리가 룻에게는 전혀 없었다. 당시의 문화와 관습에 따르면, 룻은 자신의 결혼 관계 **안에서** 발언권이 없었다. 두 번째 아내를 맞이하는 것과 관련된 결정이라고 해도 룻은 남편의 결정에 복종해야 했다. 남편 말론이 죽은 후 룻이 시어머니 나오미에게 어떠한 의무를 해야 하는지 알려 줄 기관이 없었다. 하지만 지금 이곳에서, 시어머니의 분명한 뜻을 거스르며 룻이 단호하게 자기 발언권을 사용한다. 땅이 흔들리는 듯이 놀라운 순간이다. 룻은 독립적으로 행동하며 스스로 선택한다. 이때 룻이 처음으로 자기 발언권을 사용하여 담대하게 주도권을 행사하는데 앞으로도 계속 그러할 것이다.

둘째로, 룻이 한 말이 더욱 중요한 이유는 룻이 나오미가 제시한 근거를 무시하는 결정을 내렸으며, 룻도 알듯이 자기 마음에 솔직한 진심이 있었기 때문이다. 오르바와 달리 룻은 상식을 거부했고, 자기 이익을 한 톨도 구하지 않았다. 앞으로 걸어갈 길은 쉬운 길이 아닐 것이다. 룻은 이주민이 될 것이고, 연줄이라고는 살아갈 이유가 전혀 없는 늙어 가는 과부 한 명뿐이었기에 더 험난한 길을 가야 할 것이다.

그렇다면 룻은 왜 그 길로 가려고 할까? 룻이 감수해야 할 위험이나 거의 확실하게 치를 무서운 대가를 근사하게 묘사해서는 안 된다. 전통적인 해석에서는 룻이 나오미를 너무나 사랑해서 시어머니와 헤어지는 것을 어려워했다고 설명한다. 이는 의심의 여지가 없는 사실이며, 우리는 이야기의 결말에 다다르기 전에 우리가 룻의 사랑을 얼마나 한심할 정도로 과소평가해 왔는지, 그리고 룻이 나오미를 사랑해서 어느 정도까지의 일을 해내는지 알게 될 것이다. 이 이야기의 주요 주제는 **헤세드**(hesed)다. 헤세드는 사람이 일반적으로 주고받는 사랑보다 더 높고 초월적인 사랑이다. 헤세드에 관해서는 다음 장에서 더 자세히 살펴보겠다.

하지만 나오미에 대한 충성이나 사랑만으로는 지금 일어나는 일을 다 설명할 수 없다. 룻은 나오미에게 불순종하고 있다. 또한 암울한 미래에 자신을 맡겨 버린다. 그러나 룻은 단호하다. 룻은 나오미뿐 아니라 나오미의 민족과 나오미의 하나님까지도 받아들인다.

전환점

룻기 앞부분인 이 지점에서, 하나님의 선지자 엘리야가 바알 선지자 450명과 아세라 선지자 400명 이상과 대결한 이야기가 떠오른다. 인간적으로 말하자면, 그것은 승산이 전혀 없는 싸움이었다. 엘리야는 자기에게 닥친 곤경을 스스로 악화하기까지 했다. 하나님께서 불로 태워 주시기를 바라는 제단에 물을 열두 통이나 부은 것이다(왕상 18:16-39). 여기, 욥과 같은 이야기가 전개되고 있는 동안에, 룻의 결정도 그와 비슷하게 흘러간다. 시어머니는 하나님에 대해 심한 말을 하면서 룻을 밀어내고 있고, 베들레헴에서 기대할 수 있는 것이라고는 고통과 고난뿐인데, 룻이 나오미와 나오미의 하나님을 받아들인다.

룻은 현실에 대해 혼란스러워하지 않는다. 룻은 여호와께서 개입하시는 기미가 전혀 없이 나오미의 세계가 무너져 내리는 것을 보았고, 자신도 봇물 터지듯 쏟아지는 고통에 휩쓸렸다. 룻도 고통을 겪었다. 룻은 나오미가 여호와에게 맞서면서 괴롭게 한탄하는 것을 들었다. 룻은 바보가 아니다. 하지만 평생 어둠 속에서 살아온 사람에게는 깜빡거리는 불빛조차도 그쪽으로 **당기는** 힘이 된다.

이것이 어둠과 빛 가운데 하나를 선택하게 하는 복음의 힘이다. 나오미는 가장 밑바닥에 있었지만, 그래도 빛을 지닌 사람이었다.

룻의 회심은 모세와 불타는 떨기나무처럼(출 3:1-10), 혹은 다메섹으로 가는 길이었던 사울의 경우처럼(행 9:1-21) 땅을 뒤흔드는 듯이 놀랍고도, 역사를 바꾸는 일이었다. 나오미를 따라서 알지 못하는 미래로 들어가기를 용기 있게 선택한 룻을 보면, 알지 못하는 땅으로 이주하라는 하나님의 부르심에 응답한 아브라함이 떠오른다(창 12:1-3). 그런데 룻은 하나님의 음성도 듣지 못한 채로, 아브라함이 누린 아름다운 약속도 받지 못한 채로 앞으로 나아갔다. 곧이어 아주 분명해지는 사실은, 베들레헴에 도착한 이 젊은 불법 체류 여성이 모압을 떠날 때와는 완전히 다른 사람이 되었다는 것이다. 이제 룻은 여호와의 자녀가 되었으며, 여호와의 자녀로서 살아갈 것이다.

베들레헴 도착

룻과 나오미의 여정이나 이들이 나눈 대화 같은 것이 더 이상 기록되지 않은 채 이들이 베들레헴에 도착했음을 알린다. 이들이 도착하자 마을에 적잖이 동요가 일어난다. 엘리멜렉과 나오미 부부가 두 아들과 함께 기근을 피해 절박한 심정으로 도망간 지 수년이 지났다. 베들레헴 여인들이 나오미를 맞이한다. 처음에는 나오미인지 알아보기가 힘들었기에 여인들이 당혹스러워한다. 나오미의 얼굴과 행색에는 고통이 그대로 드러났다. "이이가 나오미냐"(1:19). 슬픔과 오랜 세월로 인해 나오미가 큰 타격을 입은 것이 분명했다. 그런데 나오미의 남편과 아들들은 어디에 있지? 그리고 나오미 곁에 있는 이 젊은 이방인 여자는 누구야?

나오미가 자신감이 떨어진 마음의 상태를 나타내는 대답을 한다. 나오미는 자기 이름을 버리고 새 이름을 붙인다. 나오미는 "즐거운", "사랑스러운"이라는 뜻이다. 나오미가 다시 한 번 애통해하며 큰 소리로 말한다. "나를 마라('괴로운')라 부르라 이는 전능자가 나를 심히 괴롭게 하셨음이니라"(1:20). 그러고 나서 며느리를 곁에 두고 이렇게 덧붙인다. "내가 풍족하게 나갔더니 여호와께서 내게 **비어** 돌아오게 하셨느니라 여호와께서 나를 징벌하셨고 전능자가 나를 괴롭게 하셨거늘 너희가 어찌 나를 나오미라 부르느냐"(1:21, 굵은 글씨는 저자 강조).

나오미의 말에서 여성과 관련된 가부장제의 가치 체계를 확인할 수 있다. 나오미는 자신이 "비어" 있다고 묘사한다. 자기 곁에 룻이 있는데도 비어 있다고 한다. 룻은 자기도 비탄에 잠겨 있으면서도 나오미와 함께하기 위해 모든 것을 희생했으며, 마지막까지 나오미 곁에 꼭 붙어 있겠다고 맹세한 사람이다. 나오미는 죽는 날까지 남편과 아들들을 잃은 것을 슬퍼하며 늘 고통스러워할 것이다. 이 부분에서 나오미는 참을 수 없을 정도로 깊이 슬퍼하는데 그 슬픔은 무엇보다도 가장 큰 상실, 즉 여호와를 잃어서 고통을 당하고 있다는 확신 때문에 더 깊어진다.

나오미의 말은 여전히 유효하며, 그래야 한다. 우리 자신이 나오미와 같은 힘든 상황을 겪고 있으나 하나님께서 그런 나쁜 일이 일어나는 것을 허용하신 까닭을 도대체 이해할 수 없을 때 누가 우리를 비난할 수 있는가? 1장 마지막 절에 나오는 보리 추수 소식은 다음 장을 알리는 신호이자, 나오미와 룻에게 가장 먼저 닥칠 도전이 굶주림임을 냉정하게 떠올려 주는 신호다. 애초에 나오미 가족이 베들레헴을 떠나도록 몰아붙인 문제와 똑같은 문제가 베들레헴에 도착한 이들을 기다리고 있는 것이다.

그러나 나오미의 고통과 여호와에 대한 질문이 서사 전체에 퍼지며, 우리는 그 고통과 의문을 나머지 이야기 속으로 가지고 가야 한다. 나오미는 여호와의 사랑을 잃었는가? 여호와께서는 나오미에게 관심이나 있으신가? 나오미는 그저 시간이 흐르기만 기다릴 운명인가? 아니면 나오미를 향하신 하나님의 목적이 여전히 견고한가? 또 룻의 담대한 결단에서 무엇이 나올 것인가? 우리는 룻의 급진적인 맹세도 기억해야 한다. 다음 장에서는 나오미의 질문을 다룰 예정이지만 우리가 예상하는 식으로 다루지는 않을 것이다. 우리의 불법 체류자 친구는 미국인들 대다수가 두려워하는 이민자들의 예상 행동을 실행할 것이다. 기록을 보면 룻은 이스라엘의 복지 제도를 근거로 행동을 개시한다.

읽어 볼 글들

- 룻기 1:14-22
- 요한복음 1:1-6

생각해 볼 질문

01 나오미는 왜 며느리들을 놓아주었는가?

_____

_____

02 룻은 왜 그토록 급진적인 선택을 했는가?

_____

_____

03 룻 자신의 고통과 하나님을 향한 나오미의 불평을 합쳐서 생각할 때, 룻의 공감적 결단은 복음의 능력과 관련하여 무엇을 드러내는가?

_____

_____

04 룻의 회심은 우리가 사랑하지만 예수님의 복음에 대해 무감각해져서 아무 희망도 없어 보이는 사람들에 대한 소망을 어떻게 새롭게 해 주는가?

_____

_____

5장

헤세드의 힘

 1956년에 C. S. 루이스는 젊은 미국인 작가에게 다음과 같이 충고하는 편지를 썼다. "내용을 지나치게 부풀리는 말을 사용하지 마십시오. '매우'(very) 정도의 의미인 경우에 '엄청나게'(infinitely)라고 하지 마십시오. 그렇지 않으면, **진짜** 엄청난 것에 대해 말하고 싶을 때 쓸 수 있는 말이 없을 것입니다."[18]

 말은 중요하며, 과장하기가 쉽다. 그런데 이 충고를 뒤집어 보는 것도 중요하다. 즉 "내용을 **지나치게 축소하는**" 말도 사용하지 말아야 한다. 이 "지나치게 축소하는" 문제가 히브리어 **헤세드**(hesed)를 영어로 번역할 때 발생한다.

---

18 "C. S. Lewis on Writing," *Letters of Note*, April 3, 2012, www.lettersofnote.com/2012/04/c-s-lewis-on-writing.html.

헤세드는 성경에서 영향력이 큰 단어이자, 룻기에서 가장 중요한 단어다.[19] 룻기에는 헤세드가 세 번밖에 안 나오지만, 그 개념은 룻기 전체에 흐르면서 결국 행동을 이끌어 낸다. 가장 처음으로는 나오미가 며느리들을 떼어놓으려고 할 때다. "너희가 죽은 자들과 나를 선대[헤세드]한 것 같이 여호와께서 너희를 선대하시기를 원하며"(1:8). 그리고 룻이 이삭을 주워서 집으로 돌아왔을 때 나오미가 다시 헤세드를 사용한다. "그가 살아 있는 자와 죽은 자에게 은혜[헤세드] 베풀기를 그치지 아니하도다"(2:20). 그다음으로는 보아스가 룻에게 청혼을 받았을 때 룻의 행동을 표현하면서 헤세드를 사용한다. "네가 베푼 인애[헤세드]가 처음보다 나중이 더하도다"(3:10).

룻기 독자가 직면하는 도전은 헤세드를 영어로 번역할 때 의미가 "지나치게 축소"된다는 것이며, 이 이야기에서 헤세드라는 말이 지닌 힘이나 중요성을 도무지 전달하지 못한다는 것이다(대부분의 영어 역본[NIV, NASB, JKJV, ASV, NRSV 등]에서는 헤세드를 친절함[kindness]으로 번역했다-역자 주).

---

19 Miles Custis, "Chesed," in *Faithlife Study Bible* (Bellingham, WA: Lexham Press, 2012, 2016).

> ### 거저 주는 사랑!
> "두 당사자가 관련되어 있다. – 한 명은 극도로 어려운 처지이고, 한 명은 상황을 변화시킬 힘과 자원이 있다. 충성스럽고 이타적인 사랑이 … 헤세드를 작동시킨다. 그 사랑은 아무도 그들에게 기대하거나 요구할 권리가 없는 것을 자발적으로 실행할 동기를 부여하는 사랑이다. … 그것은 실로 예수님 안에서 가장 충만하게 표현된 그러한 사랑이다. 간단히 말해, 헤세드는 복음을 실행하는 것이다."_ Carolyn Custis James, *The Gospel of Ruth: Loving God Enough to Break the Rules* (Grand Rapids: Zondervan, 2008), 115.

번역에서 놓친 것

영어에는 헤세드에 해당하는 단어가 없기에 번역자를 당황하게 한다. 이에 번역자들은 적절한 대안을 찾아 다음과 같은 단어를 영어권 독자들에게 제시한다.

"친절"(kindness), "자비"(mercy), "충성"(loyalty), "애정 어린 친절"(loving-kindness), "충성되고, 한결같고, 확고한 (혹은 그냥 단순한) 사랑"과 같은 일종의 단어 뷔페는, 헤세드의 의미와 분명 가까운 단어들이지만, 그 단어만으로는 이 강력하고, 의미가 풍성한 단어를 제대로 표현해 내지 못한다. 그 결과 우리는 헤세드 관련 참고 문헌을 대충 훑어보기 쉽다. 구약 성경에서 영향력이 매우 큰 단어 중 하나에 방금 발부리가 걸린 것도 깨닫지 못한 채 말이다. … [헤세드는] 하나님이 태초부터 작정하신, 인간이 함께 살아가는 방식, 즉 "네 이웃을 네 몸과 같이 사랑하라"는 유형의 생활, 적극적이며 이타적이고 희생적으로 서로 돌봄으로

써 우리의 타락한 본성을 완전히 거스르는 삶의 방식이다.[20]

헤세드는 누구든지 요구하거나 기대할 권리가 있는 것을 넘어서는 것과 관련된, 값비싼 사랑이다. 룻과 보아스의 행동에서, 또 궁극적으로는 나오미의 행동에서도 작용하는 것과 같은 종류의 사랑이다.

헤세드의 근원은 여호와이시다. 하나님 백성의 신뢰와 소망은 여호와가 "인자[헤세드]와 진실이 많은"(출 34:6) 분이라는 사실에 의지한다. 눈물의 선지자 예레미야는 무너진 예루살렘 한가운데서 "여호와의 인자[헤세드]와 긍휼이 무궁하시므로 우리가 진멸되지 아니함이니이다 이것들이 아침마다 새로우니 주의 성실하심이 크시도소이다" 하는 것을 스스로 상기하며 자신을 위로한다(애 3:22-23).

룻기는 하나님의 헤세드를 펼쳐 보인다. 우리는 나오미와 함께 하나님의 헤세드 사랑이 차별이 없으며, 과분하고, 끈질기다는 것을 배울 것이다. 나오미를 위해 싸우는 룻의 사심 없고, 수그러들 줄 모르는 헌신을 통해 여호와의 헤세드가 나오미에게 닿으며, 보아스가 룻에게 동참하여 함께 애쓸 것이다. 그날 보아스의 밭에서

---

20 Carolyn Custis James, *The Gospel of Ruth: Loving God Enough to Break the Rules* (Grand Rapids: Zondervan, 2008), 115.

일어난 사건으로 인해 여호와의 헤세드에 대한 나오미의 통찰이 새로워질 것이다. 나오미가 배운 것이 우리에게도 꼭 필요하다. 우리 역시 각자의 이야기에서 현실적인 고통과 하나님의 헤세드를 하나로 합치느라 분투하는 경우가 흔하기 때문이다.

굶주림과 싸우다

베들레헴에 도착한 다음 날 아침, 나오미는 슬픔과 절망에 사로잡혔다. 자신을 향한 여호와의 헤세드가 사라졌다고, 자기에게서 그분이 등을 돌리셨다고 확신했다. 나오미가 보기에, 여호와는 나오미의 과거를 파괴하셨고, 미래를 훔치셨다. 나오미는 인생을 포기했다. 그래서 이들이 베들레헴에 도착했을 때 가장 먼저 직면한 도전을 처리하는 데 있어서 나오미가 상당히 수동적인 역할을 맡은 것도 전혀 놀랍지 않다. 이들에게는 양식이 하나도 없었다.

룻은 나오미와 같지 않았다. 자신에게도 슬픔이 있었고, 낯선 나라에 도착했을 때 자연스럽게 따라오는 불안도 있었지만, 행동을 개시한다. 룻은 시어머니를 돌보겠다고 열정적으로 맹세한 것을 잊지 않았다. 룻이 지체하지 않고 즉시 약속을 지킨다. 룻이 이삭을 줍기로 결정하자 나오미가 허락한다. "내 딸아 갈지어다"(2:2).

이삭줍기는 이스라엘의 복지 제도로, 가난한 자와 과부와 고아와 나그네가 추수가 끝난 그 지역의 밭에서 남은 이삭을 모아 스스로 살아가게 하는 방법이다. 이삭줍기 규례(레 19:9-10; 신 24:19-22)는 지주에게 밭의 모퉁이를 수확하지 말고 남겨 두라고 요구한다. 추수하는 일꾼들은 밭에서 추수가 끝난 후에는, 수확하지 않은 곡식을 가지러 돌아가서는 안 되었으며, "그 남은 것은 객과 고아와 과부를 위하여 남겨두"어야 했다(신 24:20).

추수하는 남자 일꾼들이 곡식을 베면, 여자 일꾼들이 따라가면서 타작마당으로 나를 곡식 단을 묶었다. 일단 추수가 끝나면, 이삭을 줍는 사람들은 남은 이삭을 얼마든지 모을 수 있었다.

수치를 기반으로 한 고대 근동의 문화에서 이삭줍기는 수치의 근원이었다. 가난을 공개적으로 드러내는 행위였다. 이스라엘에서 "가난 자체는 도덕적 문제가 아니었다. 이스라엘 사람들에게는 가난에 따라오는 사회적 지위의 상실과 수치가 문제였다."[21] 허버드가 설명하듯이 "떨어진 곡식 이삭을 줍는 것은 마치 오늘날 재활용 알루미늄 캔을 주워 겨우 살아가는 것처럼, 최소한의 생계를 유지하는 생활이었다."[22] 한때 베들레헴 사회에서 존경받았던

---

21 Christopher J. H. Wright, *Old Testament Ethics for the People of God* (Downers Grove, IL: InterVarsity, 2004), 168.
22 Robert L. Hubbard Jr., *The Book of Ruth*, New International Commentary on the Old Testament (Grand Rapids: Eerdmans, 1988), 138.

나오미에게는 며느리가 이삭을 줍는 대열에 합류한다는 것 자체가 몹시도 품위가 떨어지는 일이었을 것이다. 앙드레 라콕(André LaCocque)은 다음과 같이 언급한다. "룻에게 짧은 말로 허락한 데서(2:2), [나오미의] 낙담이 드러난다. 이 두 여인은 최저 생활이라는 밑바닥에 다다랐다. 더는 아무것도 잃을 게 없었다."[23]

약속에 땅에서 만난 위험

우리가 룻이 이삭 줍는 사람이 되기로 한 결심에 수반되는 위험을 인정하지 않는다면 룻에게 엄청난 잘못을 저지르는 것이다. 그날은 나오미가 룻에게 모압으로 돌아가라고 경고한 이유와 대면하게 될 무서운 날이었다. 룻이 이 혼란스러운 세상에서 친구 하나 없이 외국 문화 속으로 혼자 들어가기로 결정한 것은 그야말로 위험을 무릅쓴 것이었다. 그날 룻이 위험한 일을 당할 가능성 때문에 나오미에게는 배 한 척에 실릴 정도로 엄청난 불안이 더해졌을 것이며, 나오미의 여린 정신 상태는 분명히 더욱 악화되었을 것이다.

역사적으로, 보호자가 없는 여자들에게 닥쳤던 심각한 위협을, 즉 나오미와 보아스가 강조한 룻의 현실을 과소평가해서는 안 된

---

23 André LaCocque, *Ruth*, trans. K. C. Hanson (Minneapolis: Fortress, 2004), 63.

다. 보아스는 자기 밭에서 룻이 학대나 해를 당하지 않도록 보호하기 위해 남자 일꾼들에게 룻을 "건드리지 말라"고 지시했다(2:9). 그날 일과가 끝난 후 룻이 안전하게 집으로 돌아오자, 나오미는 안도하며 이 특정한 밭, 즉 보아스의 밭에서 계속해서 이삭을 주우라고 말한다. "다른 밭에서 사람을 만나지 아니하는 것이 좋으니라"(2:22). (개역개정에서는 모호하게 번역했지만, NIV는 이 부분을 "because in someone else's field you might be harmed", 즉 "다른 사람 밭에서는 네가 해를 당할지도 모르기 때문이다"로 옮겼다-역자 주)

> **룻의 담대한 요청**
>
> 룻이 보아스에게 이삭을 줍도록 허락해 달라고 요청한 일은, 불필요하면서도 위험할 수 있는 관심이 자기에게 쏠리도록 하는 행동이다. 그 일은 모세 율법에서 요구하고 보아스가 이미 허용한 일이었다. 아주 최근의 학술 작업에 따르면 룻은 "일반적인 관습을 넘어서는 허락을 요청하기로 선택했다. … 이삭 줍는 사람들이 모으는 곡식 양이 아주 보잘것없었으리라는 것을 감안하면, 룻이 나오미와 자신에게 넉넉히 곡식이 제공되도록 이삭줍기의 가능성을 높이려는 중요한 계산을 하지 않았나 생각하게 된다. 어떠한 경우든 룻은 자신을 결코 겸손하고 스스로를 내세우지 않는 외국인으로 나타내지 않는다. 오히려 룻은 자신만만하지는 않았겠지만 용감했다. … 시어머니의 유익을 위해 상당히 큰 위험을 기꺼이 감수했다."_ Robert J. Hubbard Jr., *The Book of Ruth*, New International Commentary on the Old Testament (Grand Rapids: Eerdmans, 1988), 149-50.

서로 다른 세 영역에서 룻을 위협하는 위험이 있었다. 첫째, 룻은 한정되고 얼마 되지 않는 이삭을 놓고 쟁탈전을 벌이는 굶주린 사람들 때문에 위험에 직면했다. 이삭 줍는 사람이 하나 더 늘어난다는 것은 다른 모든 사람의 몫이 줄어든다는 의미다. 보리밭은 이삭 줍는 사람들이 한정된 자원을 놓고 경쟁하며 싸우는 전쟁터가 되기 십상이었다. 룻은 젊고, 여자이고, 외국인이며, 아마 과부임을 표시하는 옷을 입고 있었기 때문에, 룻이 가까스로 모은 곡식을 전부 빼앗을 수도 있는 탐욕스러운 자들에게 만만한 표적의 대상이었다.

둘째, 추수하는 남자 일꾼들의 손아귀라는 위험에 직면했다. 보아스는 룻에게 말을 걸기도 전에 룻 주위에 선을 그어서 일꾼들이 넘어가지 못하게 했는데, 그렇게 하지 않았으면 그들이 건너갔을 것이다. 추수 일꾼들은 지주가 시키는 대로 일하는 평범한 노동자들이었다. 고대 바빌론의 기록에 따르면 이들의 하루 품삯은 곡식 230그램에서 450그램 정도였는데[24], 그 정도 품삯으로는 생활이 전혀 나아지지 않았을 것이다.

추수 일꾼들은 베들레헴의 권력 피라미드에서 아래쪽에 있었지만, 이삭 줍는 사람들은 그보다 훨씬 더 낮은 쪽에 있었다. 일꾼들은 이삭 줍는 이들에게 부당한 요구나 학대를 하는 것으로 적의를 드러냈을지도 모른다. 인간에게는 자신의 고통과 좌절을 자기보

---

24 Hubbard, *Book of Ruth*, 73.

다 힘없고 불운한 이들에게 떠넘기는 경향이 있는데, 이러한 경향이 인간의 역사에서 되풀이되어 어두운 그림자를 드리운다. 이러한 일이 가부장제 문화 체계의 모든 단계에서 일어난다. 그러므로 룻처럼 젊고 보호자가 없는 여자를 대상으로 저지르는 성범죄는 언제든지 일어날 가능성이 있었다. 보아스의 밭에서도 말이다.

셋째는 가장 놀라운 위험인데, 보아스 또한 위협이다. 작가는 보아스를 걸출한 인물로 소개하면서 이 장면을 시작한다. 해설자는 **하일**(*hayil*)이라는 히브리어 단어를 사용하여 보아스를 묘사한다. 이 단어는 보아스가 용기, 지명도, 부, 특권, 권력이 있는 남자임을 시사한다. '하일'이라는 단어는 "호메로스의 서사시에 나오는 영웅과 비슷한 엘리트 전사" 이미지를 떠올리게 한다.[25] 잦은 전쟁이 "사사들이 치리하던 때"의 특징인 것을 생각하면 보아스는 전쟁 영웅이었을 수도 있다. 나중에 나오미가 두 번 확인해 주는 사실에 따르면 보아스는 나오미의 친족이기도 하다(2:1, 3b, 20).

룻은 이러한 정보에 대해 전혀 아는 바가 없다. 룻의 관점에서 보아스는 권력을 상징할 뿐이다. 두 사람의 격차가 너무나 확연해서, 우리도 알아차릴 수밖에 없다. 이 이야기는 "보아스가 자신의

---

25 R. Laird Harris, Gleason L. Archer Jr., and Bruce K. Waltke, eds., *Theological Wordbook of the Old Testament* (Chicago: Moody Press, 1980), 1:271-72.

권력으로 무슨 일을 할 것인가?" 하는 질문을 제기하게 한다. 룻의 관점에서 보아스는 심각한 위협이다. 마을의 힘 있는 실력자들이 자신의 권력을 특히 과부들에게 끔찍한 방법으로 오용하는 사례가 세상에 널려 있다. 그러므로 룻은 보아스가 도착하기도 전에, 또 보아스가 안전한 사람인지의 여부도 모른 채, 이미 배짱 좋게 모험을 시도한 셈이다.

안식처

룻이 결국 보아스의 밭에 있게 되었다는 것은 단순한 우연이 아니다. 여호와께서 섭리하셔서 당신 딸의 걸음을 이 특정한 밭으로 인도하신 것이 분명하다. 그러나 우리가 이 이야기에서 여호와께서 다른 방법으로, 또 특히 나오미를 위해 얼마나 힘써 역사하고 계시는지를 깨닫지 못한다면 그분의 역할을 축소해 버리는 것이다. 룻이 보아스의 밭에 간 것은 베들레헴에서 하나님이 대대적인 개편 작업을 시작하셨다는 표시다.

보아스를 이 이야기의 진정한 지도자와 영웅으로 보는 전통적인 해석에 따르면, 이 영향력이 있고 부유하며 용기 있는 남자가 내리막길에 있던 두 과부의 운을 뒤집어 줄 것이다. 하지만 이 이야기에서 진짜 지도자로 입증되는 사람은 바로 룻이다. 룻이 여호와의 자녀로 살고자 하며, 나오미를 위해 싸우기 때문이다. 룻의 행동은 하나님의 율법을 정확하게 순종하기로 결정한 지역 사회에 대한 선명하고도 철저한 믿음을 분명히 입증한다.

과감히 체제에 도전하고 현재 상황을 뒤집으려는 이 젊은 모압 이주민을 통하여 여호와께서는 이 장면에 보아스가 등장하기 전부터 이미 그 밭에 강력하게 임재해 계셨다. 룻이 나오미를 위한 전투를 치르겠다는 태세로 보아스의 밭에 이르렀다. 보아스가 룻을 보호하려는 말을 하기도 전에, 룻은 문화적으로 안전지대라고 인정된 곳도 아니고, 남자의 보호 아래도 아닌 피난처를 찾았다. 여호와의 날개 아래에서 룻은 피난처를 발견했고, 바로 그곳이 룻이 활동할 견고한 기지였다.

배고픈 사람들 편인 율법

보아스가 자기 밭에 새로 온 사람이 "나오미와 함께 모압 지방에서 돌아온 모압 소녀"라는 것을 일꾼 관리자에게 들어 알게 된다(2:6). 이어서 이 관리자가 자기 주인인 보아스에게 룻의 담대한 요청에 대해 말한다.

이삭줍기가 수입 좋은 일이 아니었음은 두말할 필요가 없다. 이렇게 겨우 입에 풀칠하며 생계를 유지하는 생활이 오늘날에도 여전히 존재한다. 미국의 상황에 빗대어 말하면, 이것은 남들이 먹다가 남긴 빅맥이나 버린 감자튀김 쪼가리를 찾으려고 맥도널드

매장 밖에서 쓰레기통을 뒤지는 것과 같다. 특히나 룻이 이삭 줍는 다른 사람들과 남아 있는 곡식을 두고 경쟁해서, 자기와 나오미에게 충분하도록 주워서 집으로 돌아올 가능성은 희박하다.

보아스는 모세 율법을 지키는 고결한 사람이다. 그는 자기 밭에서 사람들이 이삭을 줍도록 허락한다. 하지만 룻은 시어머니에게 부스러기를 들고 가고 싶지는 않았다. 그래서 룻은 보아스에게 대담하고도 터무니없기까지 한 제안을 한다. 룻이 곡식 자투리를 찾아 뒤지는 대신 이제 막 벤 곡식이 바닥에 깔려 있는 곳에서 이삭줍기를 하고 싶다고 한다.

룻은 율법에서 말하는 굶주린 사람들 편에서 살고 있는데, 그 관점에서는 율법이 아주 달리 보인다. 룻의 제안은 보아스에게 율법 조문을 넘어 그 율법의 정신을 실현하라고 압력을 가하는 것이었다. 율법 조문에서는 "그들이 이삭을 줍게 하라"고 한다. 그 율법에 담긴 정신은 "그들에게 먹을 것을 주라"이다.

룻의 뻔뻔한 요구 때문에 당연히 보아스에게는 상당한 이해관계의 충돌이 발생한다. 이삭줍기 규례에서는 밭모퉁이나 가장자리를 어느 정도 남겨야 하는지, 혹은 추수하는 사람들이 양심적으로 곡식을 어느 정도로 치워야 하는지에 대해서는 명시하지 않는다. 의심할 여지없이 지주들은 이삭 줍는 이들을 위해 얼마를 남겨 두어야 할지, 그리고 자기들을 위해서는 얼마를 남겨 두어야 할지 늘 고심했을 것이고, 이번에는 장기간에 걸친 엄청난 기근의 여파로 특히 힘겹게 고심했을 것이다.

보아스가 화를 내는 대신, 룻의 제안만큼이나 급진적으로 반응한다. 이 세력가가, 나면서부터 이스라엘 사람이고 모세 율법 속에서 자란 사람이 새로 온 룻에게 귀를 기울이고 배우며, 룻의 노고를 돕기 위해 힘을 쏟는다. 보아스가 하나님의 법에 헌신적인 것은 분명하지만, 이곳과 나중에 타작마당에서 한 행동은 "그가 모세 율법에 대한 더 폭넓은 해석을 기꺼이 받아들였음"[26]을 입증한다. 보아스는 다른 베들레헴 사람들처럼 룻이 나오미를 위해서 한 일을 경이로워했다.

보아스가 룻이 원하는 것을 확실히 이룰 수 있도록 즉시 일련의 행정 명령을 내린다. 보아스는 일반적으로는 이삭 줍는 사람들이 들어갈 수 없는 구역에 룻이 담대하게 들어갈 때 안전을 보장할 뿐 아니라, 룻에게 음식과 물을 제공함으로써 룻의 노고를 지지해 준다. 식사할 때에도 자기 일꾼들과 함께 먹자고 하면서 룻이 먹고도 남을 정도로 넉넉하게 볶은 곡식을 내준다. 그리고 일꾼들이 길어 온 물을 마음대로 마시라고 배려한다. 더 나아가, 추수하는 일꾼들에게 곡식 다발에서 곡식 줄기를 뽑아 룻이 일하는 길목에 놔두어서 룻이 이삭을 더 많이 줍게 하라고 지시한다. 결국 룻은

---

26 LaCocque, *Ruth*, 65.

추수하는 일꾼들의 하루 품삯보다 훨씬 더 많은 양을 집에 가지고 갈 것이다.

나오미가 활기를 되찾다

돌아온 룻을 보고 나오미가 놀라는 장면은 성경에서 매우 재미있고 충격적인 순간 중 하나다. 나오미가 틀림없이 불안으로 인해 우울했을 하루가 지났지만, 나오미가 가장 두려워했던 일은 일어나지 않았다. 룻은 폭행이나 강간을 당해 엉망진창이 된 채로 돌아오지 않았다. 대신 까부르고 나니 최소한으로 잡아도 남자 일꾼의 반달치 품삯인 13킬로그램이나 되는 보리를 가지고 온다. 그리고 보아스에게 받아서 먹고 남은 볶은 곡식을 배고픈 시어머니에게 드린다. 이것이 성경에 최초로 나오는 패스트푸드 식사다.

나오미가 이루 다 말할 수 없을 정도로 놀라며, 흥분해서 질문과 축복의 말을 쏟아 낸다. "오늘 어디서 주웠느냐 어디서 일을 하였느냐 너를 돌본 자에게 복이 있기를 원하노라"(2:19). 나오미는 룻이 특별한 도움을 받았기 때문에 이렇게 많이 이삭을 주웠을 것이라고 확신한다.

그 도움을 준 남자가 보아스임을 알게 되자 나오미는 더욱 활기가 넘친다. "그가 여호와로부터 복 받기를 원하노라 그가 살아 있는 자와 죽은 자에게 은혜[헤세드] 베풀기를 그치지 아니하도다"(2:20). 히브리어 원문에서는 "그가 살아 있는 자와 죽은 자에게 은혜[헤세드] 베풀기를 그치지 아니하도다"에서 "그"가 누구인지 명확하지 않다. "그"는 보아스를 가리키는가, 아니면 여호와를 가리키는가? 이 모호함은 "둘 다"라고 대답하라고 요청한다. 여호와께서는 그분의 형상을 지닌 사람들을 통해서 역사하시는 방식을 더 좋아하신다. 그래서 여호와의 헤세드가 며느리를 통해, 또 이제는 보아스를 통해서 나오미에게로 온다.

여자 욥인 나오미가 극적인 전환점을 맞는다. 여호와에 대한 희망이 다시 살아나는 순간이다. 싹트는 연애 감정을 감지했기 때문도 아니고, 약간의 행운 덕분에 마음의 고통이 치유되었기 때문도 아니다. 지금이 나오미에게 전환점인 이유는 나오미가 자기 앞에 있는, 예상외의 풍성한 보리를 보면서 여호와의 헤세드를 느꼈기 때문이다.

슬픔 덕분에 하나님의 자녀는 그분의 임재를 보여 주는 증거에 민감해진다. 어둠 속에서 우리는 하나님이 보내시는 아주 작은 신호라도 보려고 안간힘을 쓴다. 하나님을 갈망하는 나오미의 영혼은 지금보다 유복하게 살던 시절에는 전혀 알아차리지 못했을 일을 통해 헤세드에 대해 많은 것을 깨닫는다. 본질적으로 나오미는 죽은 자들 가운데서 다시 살아난 것이다.

나오미가 자신을 향한 하나님의 한결같은 헤세드를 인식하자,

슬픔에 잠겨 있던 그 영혼에 새 생명이 들어온다. 여호와는 어쨌든 나오미를 사랑하신다. 그 문화의 관점에서 볼 때 나오미는 0점이고, 그분이 그녀를 소중히 여기게 하실 만한 것을 모두 잃었으며, 인생이 완전히 폐허가 되었고 미래가 망가졌지만, 여호와께서는 나오미와의 관계를 끊지 않으셨다. 여호와께는 나오미가 맡아야 할 전략상 중요한 왕국 작업이 있는데, 나오미만이 그 일을 할 실력을 갖추게 될 것이다.

이후 내용에서 우리가 접하는 나오미는 자기를 생각하지 않는다. 며느리 룻에게 초점을 맞추고 자기 역시 헤세드를 베푸는 사람이 된다. 그리고 이어지는 장면에서 룻은 자기가 지금 나오미에게서 건진 정보를 잘 활용할 것이다. "그 사람은 우리와 가까우니 우리 기업을 무를 자 중의 하나이니라"(2:20).

| 읽 어 볼 글 들 |

- 룻기 2:1-23
- 시편 13:5

| 생 각 해 볼 질 문 |

01 **헤세드**는 무엇이며, 헤세드에 담긴 뜻은 영어 번역에서 쓰이는 대응어들(예를 들어 "친절"[kindness], "애정 어린 친절"[loving-kindness], "자비"[mercy], "사랑"[love], "한결같은 사랑"[unfailing love])을 어느 정도로 능가하는가?

---

02 룻과 보아스와 추수하는 일꾼들은 보리밭에서 어떻게 헤세드를 보여 주는가?

---

03 나오미는 왜 하나님의 헤세드를 잃었다고 확신했으며, 또한 그것이 그릇되었음은 어떻게 확신하게 되는가?

---

04 삶에서 당신을 향한 하나님의 헤세드를 느꼈던 상황을 말해 보라.

6장

베들레헴에 '안식'이 없음

 성경에 나오는 어떤 사건은 우리를 불편하게 하는데, 조금이라도 성적인 성격이 들어가 있으면 특히 그러하다. 우리는 그런 화제를 아예 못 본 척하고 그 이야기의 다른 면에 집중하든지, 아니면 대개는 관련된 여자를 부정적으로 그리는 식으로 조심스럽게 해석한다.

 마태복음에 나오는 예수의 족보는 보통 남자들의 이름만 나열되어 있는 명단에 여자 넷을 넣음으로써 일반 관행을 거부한다. 그 여자 넷은 특히 성적인 내용으로 유명한 이야기 때문에 매우 잘 기억된다. 가나안 사람 다말은 유다의 며느리로서 두 번이나 남편을 잃었는데, 창녀인 체하고서 시아버지인 유다의 아이를 임신했다. 역시 가나안 사람 창녀 라합은 이스라엘이 여리고를 공격할 때 가족과 함께 살아남았다. 현대인들은 룻이 그 유명한 타작마당 만남에서 보아스를 유혹했다며 비난한다. 그다음에는 다윗 왕이 간음죄를 저지르도록 유혹했다고들 전하는 밧세바가 나온다.

성경이 이 네 여인의 행위를 모두 정당화한다는 사실은 간과되는 것 같다(아니면, 아마도 받아들이기 힘든 것 같다). "그[다말]는 옳지만 나는 그렇지 않다"는 유다의 말은 자신의 죄를 인정하고 다말의 결백을 입증한 것이며[27], 다말은 보아스와 룻의 결혼을 축복하는 말에서 명예롭게 언급된다(4:12). 라합은 이스라엘 정탐꾼들을 숨겨 주는 용기 있고 목숨을 건 믿음이 있었기에 히브리서 11장에 나오는 믿음의 사람들 명단에 들어간다(히 11:31). 나단 선지자가 다윗이 헷 사람 우리아와 밧세바에게 지은 죄를 놓고 다윗과 맞설 때, 나단은 밧세바를 비난하거나 남자를 유혹한 여자라는 딱

---

27 창세기 38:26은 흔히 "그[다말]는 나보다 옳도다"로 번역된다. 그러나 이 본문을 히브리어로 좀 더 면밀히 살펴본 후에 전문가들은 "그[다말]는 옳지만 나는 그렇지 않다"라는 더 정확한 번역에 이르렀다. 이 순간 유다와 다말의 충돌이 유다에게는 전환점이다. 이 충돌로 인해 유다의 영적 급락이 중단된다. 유다는 다말이 몸을 팔아서 임신한 것을 알았을 때 자기가 저지른 범죄에 대해 명예 살인을 명령한다. 다말이 유다의 도장과 끈과 지팡이를 내보이자, 유다는 거울 속을 보지 않을 수 없었다. 탕자가 제정신으로 돌아온 순간이다. 이 대립 후에 유다는 완전히 달라졌다. 창세기 전체에서 가장 강력한 장(章)이다. "The Father Wound," in Carolyn Custis James, *Malestrom-Manhood Swept into the Currents of a Changing World* (Grand Rapids: Zondervan, 2015), 77-94도 참조.

지를 붙이지 않는다. 나단은 밧세바를 "새끼 양"이라고 부르며(삼하 12:1-6), 즉 다윗과 공범이 아니라 희생자라고 보고, 많은 사람 역시 다윗이 강간을 저질렀다고 믿는다.[28]

여자들이 유혹하고 배반한다고 의심하는 경향은 에덴동산으로까지 거슬러 올라갈 정도로 뿌리가 깊으며, 수 세기 동안 교회의 가르침이 그러한 경향을 강화했다. 중세 시대에 존경받던 신부인

---

28 이 문제가 논쟁의 대상이기는 하지만, 모든 것을 고려해 보면 나단의 증언은 우리가 강간이라고 규정할 만한 상황을 말해 준다. 리처드 M. 데이비슨(Richard M. Davidson)은 자신의 논문에서 다윗의 행위를 강간으로 규정하는 것에 찬성하는 설득력 있는 주장을 소개한다("Did King David Rape Bathsheba? A Case Study in Narrative Theology," *Journal of the Adventist Theological Society* 17, no. 2 [Autumn 2006]: 81-95). 그것은 일반 대중의 눈높이에서 데이비드 T. 램(David T. Lamb) 교수가 동의하는 수준이다("David Was a Rapist, Abraham Was a Sex Trafficker: What We Miss When We Downgrade Old Testament Abuse Stories to Sexual Peccadillos," *Christianity Today*, October 22, 2015). 스티븐 L. 맥켄지(Stephen L. McKenzie)는 밧세바가 "[다윗의] 욕망의 수동적인 피해자로 제시된다"고 서술한다(*King David: A Biography* [Oxford: Oxford University Press, 2000], 157). 월터 브루그만(Walter Brueggemann)은 다윗의 행위가 폭력적이며 비인간적이라는 개념을 지지하면서 이렇게 말한다. "다윗의 욕정이 폭주했기에 동사도 폭주한다. 다윗은 보냈고, 데려오게 했고, 동침했다(삼하 11:4). 왕의 방종 행위는 그다지 오래 걸리지 않았다. 그 행위에는 아무 장식도 없다. 그리고 나서 그 여자에게 동사가 붙는다. 여자는 돌아갔고, 임신했다. 행위가 너무나 삭막하다. 행위밖에 없다. 대화가 전혀 없다. 배려나 애정이나 사랑은 흔적도 없으며, 욕망만 있다. 다윗은 밧세바의 이름도 부르지 않으며, 말을 걸지도 않는다. 이 만남 말미에서 밧세바는 '그 여인'에 불과하다(삼하 11:5). 마지막으로 중요한 동사는 '임신하다'이다. 그러나 뚜렷이 드러나는 동사는 그가 그녀를 '데려왔다'이다"(*1 and 2 Samuel*, Interpretation: A Bible Commentary for Teaching and Preaching [Louisville: John Knox, 2012], 273).

대성(大聖) 알베르투스(Albert the Great)가 한 말에는 불쾌하게 쿡 찌르는 힘이 있다.

> 여자는 발상부터 잘못된 남자이며, 결함이 있고 불완전한 천성을 지녔다. … 여자는 자기가 얻을 수 없는 것은 거짓말과 사악한 기만을 통해서라도 얻고자 한다. 그래서 간단히 말하자면, 마치 여자가 독사나 뿔 달린 악마인 듯이 모든 여자에 대한 경계를 늦추지 말아야 한다. … 그러므로 여자는 악하고 비뚤어진 행동을 하는 데 있어서 남자보다 현명하며 교활하다. 이성이 남자를 온갖 선으로 나아가게 하는 것처럼 여자의 감정은 여자를 온갖 악으로 몰아넣는다.[29]

룻은 성경 전체에서 매우 존경받는 여자 중 한 명이지만, 룻조차도 타작마당에서 한 행동 때문에 정밀 조사를 받는다. 보아스 발치에 있던 이불을 들출 때 룻은 무슨 일을 하고 있었던 것인가?

나오미의 전략

이 기이한 사건에서 가장 눈에 띄는 것은 나오미가 보여 주는 극적 변화다. 나오미가 상실을 극복했다고 생각한다면 이는 오해

---

29 Albert the Great (Albertus Magnus), *Quaestiones Super de Animalibus in Opera Omnia,* ed. Auguste Borgnet (Paris: Apud Ludovicum Vives, 1890-1899), book XV, quest. 11.

일 뿐이다. 슬픔은 나오미가 죽을 때까지 그녀 곁에 있을 것이다. 그것이 사랑하는 사람을 잃은 사람들이 너무나 잘 알듯이, 사랑이 치러야 하는 대가다.

나오미가 여호와의 헤세드를 다시 발견하자 변화가 일어났다. 덕분에 나오미는 자기 슬픔에만 빠져 있던 데서 벗어나 이제 룻에게 집중한다. 진정한 의미에서 룻에 대해 나오미가 처음에 한 염려는 절대 변하지 않았다. 어느 모로 보나 룻의 상황은 절망적이며, 룻의 미래는 나오미가 베들레헴으로 오던 길에서 말한 것처럼 암울하다. 거기에다 이제는 룻이 나오미보다 오래 살 것이며 결국 외국에서 오도 가도 못 하는 처지가 될 가망이 더해졌을 뿐이다. 나오미가 룻의 미래를 염려했기에 그 미래와 관련하여 모종의 조치를 취하고자 한다.

나오미가 중매쟁이 역할을 하고 있다거나 임신 가능성과 출산을 바라고 있다는 말은 나오미를 제대로 이해하지 못하는 말이다. 십 년 내내 며느리와 더불어 불임의 고통을 겪었기에, 그 아픈 시기를 다시 끄집어낸다는 것은 더할 나위 없이 잔인한 일이다. 추수철이 끝나고 있으니 다가오는 겨울을 어떻게 날 것인지 나오미가 걱정하고 있다고 생각하는 것 역시 근거가 없다. 룻이 보아스의 보호를 받으며 계속 이삭을 주울 것이므로 룻과 나오미에게는 분명 풍성한 양식이 제공될 것이다.

나오미의 목표를 드러내는 두 단어가 있다. 하나는 "안식"(rest)으로, 나오미가 며느리들에게 모압으로 돌아가라고 압력을 가할 때 염두에 두고 있던 목표였다(개역개정은 같은 단어를 1:9에서는 "위로"로, 3:1에서는 "안식"으로 옮겼다-역자 주). "여호와께서 너희에게 허락하사 각기 남편의 집에서 **위로**(rest)를 받게 하시기를 원하노라"(1:9). 이제 나오미가 그 단어를 다시 사용하여 룻에게 말한다. "내 딸아 내가 너를 위하여 **안식**(rest)할 곳을 구하여 너를 복되게 하여야 하지 않겠느냐"(3:1).

다음 단어는 나오미가 보아스의 신분을 확인하는 방식인데, 나오미는 법률 용어를 사용해서 보아스를 자기들의 기업 무를 자(고엘, go'el)라고 부르지 않고 "친척"이라고 한다. 기업 무를 자에게는 법적 책임이 뒤따른다. 친척은 단순히 일가붙이라는 이유로 보아스가 나오미의 계획을 받아들이는 쪽으로 마음이 기울 것을 기대할 만한 근거가 충분하다.

그럼에도 나오미의 목표는 많은 이가 극복할 수 없다고 여길 난관에 부딪힌다. 룻은 이방인이고 가난하며 불임이다. 룻과 결혼하는 사람에게는 사회적 연줄이든 재산이든 자손이든 이득이 될 만한 것이 하나도 없다. 꽤 괜찮은 남자가 불임인 여자를 신부로 선택하리라는 것은 터무니없는 생각이다. 중간에서 결혼 협상을 해줄 남자가 없다는 점을 감안하면, 나오미는 부득이하게 변칙적이고 분명히 위험할 방법에 의지해야 한다.

나오미는 자기에게 있는 시간이 다 지나가 버리기 전에 며느리 룻이 남편의 보호 아래에 있는 것을 보기 위해 비상한 대책을 강구할 것이다. 나오미는 보아스가 너무 망설이느라 쫓아다니지 못했기에 룻을 보아스에게 주려고 애쓰고 있는 것이 아니다. 나오미는 자비를 기대하고 있다.

나오미의 계획은 위험투성이다. 나오미는 룻을 목욕시키고 향수를 뿌리게 하고 결혼할 준비가 되었다는 표시로 과부의 옷이 아니라 제일 좋은 옷을 입혀서 그 밤에 혼자 내보낸다. 이제 추수가 끝난 타작마당에서 마을 사람들이 먹고 마시며 잔치를 벌이고 있기 때문에 위험이 고조된다. 순진할 정도로 그 위험에 대해 모른다고 해도 타작마당 잔치에서는 술을 취하도록 마시고 난잡한 행동을 한다는 평판이 있었음을 유념해 두는 것이 중요하다.[30]

정신이 제대로 박힌 부모라면 그와 같은 상황에서 딸을 밤에 혼자 내보내지 않을 것이다. 나오미는 자기가 아는 보아스는 절대로 룻을 성적으로 이용하지 않으리라고 확신한다. 어둠에 덮여 있기 때문에 보아스가 룻을 사람들 앞에서 창피를 주지 않고서도 편하게 거절할 수도 있다.

---

30 Robert L. Hubbard Jr., *The Book of Ruth*, New International Commentary on the Old Testament (Grand Rapids: Eerdmans, 1988), 201.

타작마당은 마을 바깥에 있는 탁 트인 공터로, 곡식 단을 가져와서 탈곡하기에 적당한 곳이며, 추수하는 일꾼들이 센 바람을 기대할 수 있는 곳이었다. 일꾼들이 땅에 곡식 줄기를 펼쳐 놓으면, 동물이 발로 밟거나 소가 끄는 타작용 썰매가 지나가거나 또는 자신들이 막대기로 때려서 겨를 벗겼을 것이다. 그런 다음 바람에 키질을 하면 겨는 날아가고 더 무거운 알맹이는 바닥에 떨어졌을 것이다.

나오미는 룻에게 보아스가 먹고 마시기를 마치고 기분이 좋아질 때까지 숨어 있으라고 지시했다. 룻은 보아스가 그 밤에 어디에서 잠자리에 드는지 조심스럽게 살펴야 했다. 다른 남자한테 다가갔다가는 재앙과도 같은 일이 일어날 것이다. 나오미는 룻에게 보아스가 자고 있을 때 다가가서 발치를 들춘 후 보아스가 룻이 할 일을 말해 줄 때까지 기다리라고 한다.[31]

룻이 이렇게 대답한다. "어머니의 말씀대로 제가 다 행하겠습니다."

---

31 Hubbard, *Book of Ruth*, 203. "잘 알려져 있다시피 '발'이라는 용어는 성기를 완곡하게 표현한 말이다. … 여기에서 발이 완곡어라는 것을 증명할 수는 없더라도, 이 장면에 성적인 뉘앙스를 더하려고 이 용어를 선택했을 가능성은 있다. 어느 경우든, '발치'는 보아스의 발이 놓인 곳을 뜻한다."

충격과 경외

그날 저녁, 보아스는 행복한 사람이다. 수년의 기근 끝에 풍성하게 수확하여 즐거웠으며, 이삭줍기 규례보다 훨씬 더 후하게 가난한 사람들을 도와주었다. 그는 오늘밤 만족해하며 잠들 것이다. 자기가 소유한 것을 지키느라 깊이 잠들지는 못하겠지만 말이다.

룻이 고지식하게 나오미의 지시를 따른다. 어둠 속에서 지켜보며 기다린다. 가끔씩 들리는 코고는 소리 외에는 주변이 완전히 조용해지자 룻이 보아스가 아무 낌새도 채지 못한 채 평화로이 자고 있는 곳으로 살며시 나아간다. 그리고 나오미가 일러준 대로, 보아스의 발치 이불을 들추고 누워서 조금 더 기다린다.

상당히 웃긴 장면이다. 매우 존경받는 이 용사가, 모세 율법을 철저히 따르는 양심적이고 보수적인 이 이스라엘 사람이, 추수를 무사히 마친 후 별빛 아래서 만족해하며 잠든 이 행복한 남자가 발에 차가운 밤공기를 느꼈다. 잠이 깬 남자는 어둠 속에서 한 여자가 자기 발치에 누워 있는 것을 보고 몹시 놀랐다.

보아스의 표정이 매우 볼만했을 것이다. 아니, 갑자기 잠이 완전히 달아나 버린 쉰 목소리로 "네가 누구냐?" 하고 묻는 소리도 몹시 들을 만했으리라.

룻의 대답은 충분히 솔직했다. "나는 당신의 여종 룻입니다." 보아스가 자기 발치에 여자가 있는 것을 보고 충격을 받았다면, 룻이 이어서 한 말에 얼마나 놀랐으며, 얼마나 두려웠는지는 아무 말로도 표현할 수 없다. 룻은 나오미가 시킨 대로 보아스가 룻이 "할 일"을 말해 주기를 기다리는 대신, 자신의 대본에 충실하고자 나오미의 대본을 치워 버린다. 룻이 보아스에게 지시한다. "당신의 옷자락을 펴 당신의 여종을 덮으소서 이는 당신이 기업을 무를 자[고엘]가 됨이니이다"(3:9).

보아스를 나이 든 좋은 신랑감으로 그리는 것이 서구의 로맨스 개념과는 잘 맞을지 몰라도, 가부장제 안에 있는 남자가 결혼을 미뤄서 자기 가족의 대를 이을 아들들의 아버지가 되는 것을 지체한다면 아무도 그 남자를 **하일**로 여기지 않을 것이다. 오히려 그런 남자는 쓸모없는 아들, 가족의 불명예와 수치일 것이다.

앞에서 배운 것처럼, 가족에게 아들이 없다면 상당히 큰 위기에 직면한다. 오늘날 근동에서 아내가 아들을 하나도 낳지 못해서 실제로 그러한 곤경에 빠진 남편은 이렇게 절망하며 한탄한다. "아들이 없는 나는 이 마을에서 하찮은 존재다!"[32] 보아스는 베들레헴 지역에서 위상이 상당히 높은 남자다. 보아스에게는 아들들이 있었다. 보아스가 홀아비였는지 아니면 살아 있는 아내(들)이 있었는지는 알 수 없다. 룻기의 해설자는 이를 말해 주지 않는다. 그

---

32 Geraldine Brooks, *Nine Parts of Desire: The Hidden World of Islamic Women* (New York: Anchor, 1996), 67.

러나 독신 남자는 현대에 나타난 현상일 뿐 보아스는 독신이 아니었다.

진짜 구원

이 이야기에서 가장 놀라운 반전은, 나오미가 의도한 방법대로 룻이 구원을 받지 않는다는 사실이다.[33] 구원을 시작한 사람은 룻이며, 룻이 구원하고자 한 사람은 돌아가신 자기 시아버지 엘리멜렉이다. 엘리멜렉의 기업인 밭이 곧 사라질 것이다. 보아스가 받은 청혼이 법과 관련 있는 것으로 변하고, 그리고 룻 때문에 보아스가 남자를 구원하는 것과 관련된 모세 율법 두 가지와 직면하게 되었을 때, 룻이 바로 그러한 구원에 착수한 것이다.

이 **기업 무를 자 법**(kinsman-redeemer law)에서는 어떤 사람이 자기 기업인 땅을 팔 수밖에 없을 때 가장 가까운 친척이 그 땅을 구입할 것을 요구한다.[34] **계대 결혼법**(levirate law)에서는 대를 이을 남자 자손이 없이 남편이 죽으면 그 남편의 피붙이인 형제가 홀로 된 그 아내와 결혼할 것을 요구한다.[35] 이 결혼에서 태어난

---

33 Frederick Bush, *Ruth/Esther*, Word Biblical Commentary 9 (Waco, TX: Word, 1996), 222. 부쉬는 계대 결혼에 대해 다음과 같이 썼다. "이 결혼은 첫날밤을 치르면 성립되며, 꼭 결혼식을 해야 하는 것은 아니다."
34 "만일 네 형제가 가난하여 그의 기업 중에서 얼마를 팔았으면 그에게 가까운 기업 무를 자가 와서 그의 형제가 판 것을 무를 것이요"(레 25:25).
35 "형제들이 함께 사는데 그 중 하나가 죽고 아들이 없거든 그 죽은 자의 아내

첫 아들이 가계도 안에서 죽은 남자와 그 남자의 기업을 대신할 것이다(신 25:5-9).

룻이 청혼하자, 후에 예수께서도 산상설교에서 말씀하신 것처럼, 법에 대한 논의가 다시 **자구**(letter)에 대한 것에서 **정신**(spirit)에 대한 것으로 옮겨간다. 보아스는 가장 가까운 친척도 아니며, 엘리멜렉의 피붙이인 형제도 아니다. 보아스는 그 법의 문자적인 의미가 미치는 범위 밖에 있지만, 그 법의 정신이 미치는 범위 안에 있다.

사실 룻은 자기를 위해 남편감을 찾고 있는 것이 아니다. 여전히 자신의 맹세에 매여서 나오미를 위해 싸우고 있으며, 불임이면서도 아들을 낳겠다고 자원하는, 비길 데 없는 믿음의 행동을 한 것이다. 보아스는 룻이 나오미 가족을 위해 무엇을 하고 있는지 이해하고서는 경외의 마음이 일어났다. 그래서 나오미를 향한 룻의 헤세드를 축복하고 칭송하며, 룻을 용기[하일, $hayil$] 있는 여자라고 부른다(3:11). (개역개정은 이 부분을 "현숙한"으로 옮겼지만, 히브리어 원문에서는 앞에서 보아스를 설명할 때 사용했던 "유력한"과 같은 단어인 '하일'을 사용한다. 히브리어에서 '하일'의 기본 의미는 힘, 능력, 부, 군대 등이

는 나가서 타인에게 시집 가지 말 것이요 그의 남편의 형제가 그에게로 들어가서 그를 맞이하여 아내로 삼아 그의 남편의 형제 된 의무를 그에게 다 행할 것이요 그 여인이 낳은 첫 아들이 그 죽은 형제의 이름을 잇게 하여 그 이름이 이스라엘 중에서 끊어지지 않게 할 것이니라"(신 25:5-6).

다[*BDB*, 6th printing [2001], 298]. 한글 성경 중에서는 "굳센"으로 옮긴 공동번역이 원어 뜻에 가장 가깝다. 다른 번역은 3:11에서 룻과 관련하여 쓰인 '하일'의 의미를 축소하는 경향이 있어서 "성품이 고결한"[noble character, NIV], "훌륭한"[worthy, ESV], "도덕적인"[virtuous, KJV], "덕이 있는"[tugendsam, LUTH1545] 등으로 옮겼다-역자 주) 곰곰이 생각해 보아야 할 장면이다. 보아스가 룻을 아름다움이나 남자 친척과의 관계, 아들을 낳는 능력 때문이 아니라 룻의 성품과 나오미를 향한 철저하고도 희생적인 사랑을 보고 귀하게 여김으로써 여성과 관련된 자기 문화의 가치 체계를 거부하고 있다.

> ■ **타작마당에서 누가 주도권을 잡고 있는가?**
> "나오미는 보아스가 룻에게 할 일을 말해 줄 것이라고 했으며, 룻은 시어머니가 자기에게 말한 것을 행할 것이고, 보아스는 '자기 무기를 넘겨주고' 룻의 결정에 맞추어 자기를 조정할 것이다. 즉 이제 룻이 사건의 중심 행위자다. 나이 든 세대가 젊은 세대에게, 사회적 지위가 높은 사람이 낮은 사람에게, 세상의 강자들이 약자들에게 의지하며(고전 1:27), 남자의 권위가 여자의 지혜에 의지한다. 룻기 2:1에서는 보아스가 '유력한[하일] 자'였지만, 이제 그는 룻이 '유력한[하일] 여자'임을 인정한다(3:11). 이와 같은 가치 역전은 아무리 낮게 잡아도 체제 전복적인 가치 역전이다."_
> André LaCocque, *Ruth*, trans. K. C. Hanson (Minneapolis: Fortress, 2004), 92.

그렇지만 룻이 법에 호소했기에 모든 것이 변했다. 나오미가 바라던 단순한 결혼 약속 대신, 보아스는 엘리멜렉의 기업에 대해 우선권이 있는, 자기보다 더 가까운 친척이 존재하며, 그 친척의 권리를 존중해야 함을 밝힌다.[36] 그럼에도 보아스는 그 가까운 친척이 거절한다면 자기가 룻의 요구를 실행하겠다고 맹세한다(3:10-13).

이렇게 늦은 시간에 룻이 마을로 돌아가면 무언가 바람직하지 않은 일이 일어났다는 인상을 풍길 수밖에 없다. 그래서 보아스가 룻에게 아침까지 남아 있으라고 하고서는 아침이 되었을 때 자기가 룻 가족의 문제를 해결하겠다는 뜻을 담아 곡식 한 **세아**(seah, 27-45킬로그램 정도)를 지워 주고 룻을 나오미에게 돌려보낸다. 그리고 약속한 대로 보아스는 곧장 베들레헴을 향해 간다. 또다시 말문이 막힐 정도로 완전히 놀란 나오미가 룻에게 이렇게 장담한다. "그 사람이 오늘 이 일을 성취하기 전에는 **쉬지**(rest) 아니하리라"(3:18, 굵은 글씨는 저자 강조).

---

[36] "나오미는 계대 결혼을 염두에 둔 것이 아니기에 그러한 선택 사항은 없다고 믿기는 했지만, 룻이 보아스와 결혼해서 돌아오기를 기대했던 것 같다. 룻이 아침에 돌아왔을 때 '내 딸아 어떻게 되었느냐'라는 나오미의 질문이 그러한 기대를 넌지시 내비치는 것으로 보인다. 이것은 공식적인 결혼 협상도, 신부대(bride price)나 지참금도 없는 이 결혼 약속의 이례적인 성격에도 들어맞는다. 대대적인 축하도 결혼 잔치도 없을 것이다. 법적 쟁점이 생기고, 엘리멜렉의 토지에 대해 우선권이 있는 사람이 존재한다는 사실 때문에 나오미의 계획에 제동이 걸리고, 보아스가 자제한다." Carolyn Custis James, *The Gospel of Ruth: Loving God Enough to Break the Rules* (Grand Rapids: Zondervan, 2008), 219.

| 읽 어 볼 글 들 |

- 룻기 3:1-18
- 빌립보서 2:1-8

| 생 각 해 볼 질 문 |

01 나오미는 룻을 타작마당에 있는 보아스에게, 어쩌면 위험할 수도 있는 상황으로 보내면서 무엇을 이루기를 바랐는가?

_____

_____

02 나오미는 보아스를 "친척"으로 서술하고 룻은 **고엘**(기업 무를 자)로 부르는데서 두 여인의 목표가 서로 다름이 어떻게 드러나는가? 나오미와 룻은 서로를 위해 어떠한 희생을 하는가?

_____

_____

03 보아스가 룻의 행동을 **헤세드**(인애, 3:11)로 특징짓고 칭송하는 이유가 무엇인가?

_____

_____

04 헤세드는 우리가 다른 이들을 위해 선택하고 행동하는 데 어떠한 변화를 일으킬 수 있는가?

_____

_____

7장

나오미를 위한 규칙 위반

 더글러스 맥아더 장군(General Douglas MacArthur, 1880-1964)이 이런 말을 했다고 한다. "사람들은 여러분이 지킨 규칙이 아니라 어긴 규칙 때문에 여러분을 기억합니다." 이 말이 지휘 체계가 장악하고 있으며, 군인들이 엄격하게 명령을 따르는 군대에 있는 사람 입에서 나왔다는 것이 아이러니하다. 맥아더 장군의 경우에는 규칙 위반에 엇갈리는 결과가 따라왔다. 장군은 규칙을 어긴 덕분에 높은 훈장을 받은 군대 지도자로 떠올랐고, 제2차 세계대전 중에 태평양 지역 사령관으로서 성공적으로 임무를 수행했으며, 전후 일본 재건에서도 지도력을 발휘하게 되었다. 그러나 규칙을 어겼기 때문에 중국과 전쟁할 위험이 생기자 몰락해 버렸으며, 트루먼 대통령과의 관계에도 악영향을 끼쳐서 결국 해임되었다.

때로는 규칙 위반이 역효과를 낼 수 있다. 그러나 규칙 위반이 이롭게 작용하기도 하며, 발전으로 이어지는 경우도 흔하다. 사실 사람들이 대담하거나 새로운 것을 생각하지 않고 늘 고집스럽게 규칙을 지킨다면 발전이 일어나지 않을 것이다. 보통 혁신과 독창성에는 고정 관념에서 벗어난 생각과 행동이 필요하다. "규칙은 깨지기 마련이다"라는 속담도 있다.

베들레헴에서 모세 율법이 깨지자, 완전히 새로운 영역의 가능성이 열려서 하나님의 자녀로 살아간다는 것이 무슨 의미인지를 보여 주며, 다른 이들과의 관계 가운데서 인간답게 되는 급진적인 방법이 드러난다. 복음은 본질상 반체제적이다.

성경에 순종하는 문제에 있어서는 미니멀리스트가 되는 것이 인간의 천성이다. 자기 밭에 이삭 줍는 사람들이 들어오는 것을 "허락"했을 때 보아스가 하고 있던 것이 바로 그것이었다. 율법을 그렇게 따르면 '하일'(*bayil*)이라는 자신의 평판에도 도움이 될 것이다. 그러나 이삭줍기 규례를 문자 그대로 정확하게 따른다면, 이삭 줍는 사람들은 기나긴 하루 내내 뜨거운 햇볕 아래서 지칠 정도로 힘들게 일하여도, 자기 가족을 먹이기에는 턱없이 적은 곡식을 들고 돌아가기 십상이었다. 룻이 보아스에게 요청을 하자 이삭줍기 규례가 깨지고 열려서 마침내 하나님 사랑의 무한성이 드러난다.

며느리를 이슥한 밤에 내보낼 때 나오미는 룻이 또다시 율법을 깨뜨려서 결혼에 대한 사적인 요청을 공적인 법률문제로 바꿀 줄은 짐작도 못 했다. 룻이 베들레헴 전체를 끌어들일 행동을 하고, 하나님의 율법을 획기적으로 재해석하는 것을 성읍 장로 전체가 목격하게 되리라는 것을 알았다면 과연 나오미가 그 밤에 며느리를 타작마당에 내보내려고 했을까?

룻은 맥아더 장군과 같은 사람이 아니다. 권력이나 권위가 있는 위치에서 말하지 않았다. 오히려 그와 반대로 소외된 민원인이며, 힘없는 외부인이고, "타자"(他者)로서 보아스에게 다가갔다. 그러나 룻을 기억하고 본받을 만한 이유는 룻이 세 가지 규칙을 모두 나오미를 위해 깨뜨렸기 때문이다. 첫째, 룻은 이삭줍기 규례의 경계를 보통과는 다른 방법으로 적용한다. 그리고 나서는 보아스에게 청혼하면서 두 가지 법을 더 깨뜨린다. 룻은 계대 결혼법과 기업 무를 자 법을 깨뜨려 열어젖힐 뿐 아니라, 이 두 법을 융합하여 나오미가 의도한 단순한 결혼 간청의 범위를 넘어선다.

룻처럼 깨뜨리라!

모압에서 베들레헴으로 가는 도중에 나오미는 자신이 겪은 상실이 되돌릴 수 없는 일임을 명확하게 밝힌다. 위기 가정에 도움을 주기 위해 제정된 이스라엘 율법이 이제 나오미에게는 적용되지 않는다. 첫째 이유는 나오미 가족 안에 생존한 남자가 없어서이고, 둘째 이유는 나오미가 아기를 낳을 수 있는 나이가 지났기 때문이다.

기업 무를 자 법은 남자가 가난해져서 자기 땅을 팔 수밖에 없을 때 발효된다. 이 법에 따르면 이 사람과 가장 가까운 남자 친척에게는 이 사람의 땅을 사서 자기 지파의 땅이 계속 지파의 소유가 되게 할 책임이 있다. 땅값은 희년까지 남은 추수 횟수를 세어서 계산하며, 희년이 되면 그 땅은 원래 주인에게 되돌아간다(레 25:25-28). 그런데 엘리멜렉의 땅을 팔 수 있는 남자가 모두 죽었다.

기근이 끝났기 때문에, 엘리멜렉의 '고엘'(기업 무를 자)들은 기근에서 회복하는 데 열중했고, 각자 자기 땅에 마음이 쏠린 것으로 보인다. 그러는 동안 엘리멜렉의 땅은 휴경 상태다. 나오미나 룻에게 아들이 없기 때문에, 이 문제는 아마도 후일에 가장 가까운 친척이 그야말로 자동으로 엘리멜렉의 땅을 물려받을 때 거론될 것이다.

계대 결혼법은 룻기에서 가장 먼저 언급되는 모세 율법이다. 나오미가 모압에서 나오며 절망 가운데서 이 법을 언급했다. "내 태중에 너희의 남편 될 아들들이 아직 있느냐 … 나는 늙었으니 남편을 두지 못할지라 가령 내가 소망이 있다고 말한다든지 오늘 밤에 남편을 두어 아들들을 낳는다 하더라도 너희가 어찌 그들이 자라기를 기다리겠으며 어찌 남편 없이 지내겠다고 결심하겠느냐"(1:11-13).

계대 결혼법의 중심에는 자손이 있을 뿐 기업 무르는 자의 책임과는 아무 **관계가 없다.** 이 법은 죽은 형제의 대를 이을 아들을 낳는 것과 관련이 있다. 이 가족은 엘리멜렉에게서 대가 끊겼다. 해설자가 이 이야기에서 엘리멜렉의 형제라고 소개하는 남자가 아무도 없다. 게다가 나오미가 너무 늙어서 아이를 낳을 수도 없는데 그게 무슨 소용이 있겠는가? 계대 결혼법은 나오미 가족과는 아무 상관이 없으며, 나오미도 그렇게 생각한다.

이 두 법을 결합하여 이 법들이 아우르는 범위를 확장함으로써 그 난관을 피할 방법을 생각해 내려면 룻과 같은 외부인이 필요하다. 보아스에게 청혼할 때 룻은 (로맨스가 아니라) 땅과 자손을 염두에 두고 있었다. 룻이 결혼을 요청하면서("당신의 옷자락을 펴 당신의 여종을 덮으소서") 엘리멜렉의 땅에 대한 가족의 의무를 함께 언급할 때("이는 당신이 기업을 무를 자가 됨이니이다") 보아스는 룻의 의도를 분명히 파악했다. 짧고도 혁신적인 문장으로 룻은 계대 결혼법과 기업 무를 자 법을, 즉 자손과 토지를 합쳤다. 룻은 보아스에게 엘리멜렉의 땅을 구입해 줄 것과 엘리멜렉의 대를 이어서 결국은 그 땅의 주인이 될 아들의 아버지가 되어 줄 것을 요구하고 있었다.

엄청난 위험을 감수하면서 룻은 타작마당에서 보아스로 하여금 가족에 대한 책임을 직면하게 했고, 또한 자기가 나오미 가족을 구원하는 것을 도와달라고 요구했다. 이 법의 전통적인 이해를 감안한다면, 그와 같은 계획에 동의할 사람이 얼마나 되겠는가?

그런데 보아스가 룻만큼이나 규칙을 깨뜨리는 사람임이 드러난다.

보아스가 성문으로 가다

이 부분에서는 보아스가 주도적인 역할을 한다. 이 문제를 해결할 때까지 보아스가 쉬지 않을 것이라는 나오미의 말이 옳았다. 보아스는 곧장 베들레헴 성문을 향해 가서, 거기에서 룻의 제안을 엘리멜렉의 가장 가까운 '고엘'에게 제시할 때 증인이 될 정족수의 장로들을 모을 것이다.[37] 당시에는 아무도 몰랐지만, 성문에서 일어난 이 사건들이 베들레헴 역사상 매우 중요한 순간 중 하나가 된다.

---

37 엘리멜렉에게 더 가까운 친척이 있는데 나오미가 룻을 보아스에게 보낸 이유에 관해서 의문이 생긴다. 나오미가 착각을 해서 며느리를 엉뚱한 사람한테 보낸 것인가? 아니다. 룻과 나오미의 목적이 서로 엇갈렸을 뿐이다. 나오미는 보아스가 엘리멜렉의 가장 가까운 친척이 아님을 잘 알고 있었다. 만약 엘리멜렉을 둘러싸고서 룻이 제기한 법적 쟁점을 다루고자 했다면 룻을 보아스에게 보내지 않았을 것이다. 하지만 나오미는 그저 자비를 기대하고 있었고, 보아스가 룻에 대한 나오미의 염려를 이해하여 룻에게 은혜를 베풀고 싶은 마음이 생기기를 바랐다.

7장 : 나오미를 위한 규칙 위반

> **성문**
> "고대 시대에 성문은 성에 들어오는 입구일 뿐 아니라 같은 마을 사람들이 드나드는 것을 살펴보기에 가장 적당한 장소였다. 그리고 지역 사회의 중심이기도 했다. 성문은 정부(政府)가 있는 자리였으며, 중요한 상거래 장소였고, 고위 인사들의 정견 발표장이었으며, 선지자들이 메시지를 전하는 설교단이었고, 온 마을에 떠돌아다니는 소문의 중심지였다. 그래서 성문에서 어떤 이를 (잠언 31장에 나오는 전설적인 여인처럼) 칭찬하는 소리가 들릴 때마다, 그 사람은 지역 전체에서 모든 이에게 존경을 받았다." _ Carolyn Custis James, *The Gospel of Ruth: Loving God Enough to Break the Rules* (Grand Rapids: Zondervan, 2008), 178.

마치 줄을 서서 대기하고 있었다는 듯이, 곧바로 그 더 가까운 친척이 나타났다. 보아스가 그 사람을 옆으로 부르고, 장로 열 명을 모아서 나오미에 대한 의견 진술을 진행한다. 보아스는 나오미가 엘리멜렉의 밭을 팔고자 한다고 알린다. 의뢰인에게 받은 비용만큼의 역할을 톡톡히 하는 변호사처럼 보아스는 빈틈없이 공들인 전략을 계속 구사하는데, 그 전략은 강력하고도 효과적이었다.

구약 성경에는 과부가 남편의 땅을 상속하는 것에 대한 조항이 하나도 나오지 않는다. 고대 이스라엘에서 재산권의 초점은 남자에게 있었다. 유일한 예외가 슬로브핫에게 딸들만 있었을 때 발생했다. 모세는 슬로브핫의 딸들이 자기 지파의 남자와 결혼하는 경우에 한해서 그들에게 아버지의 땅을 상속할 권리를 주었다. 그러나 개인적으로는 여자들이 땅을 상속할 수 없었다. 여기에서 보아스는 놀라운 행동을 함으로써 자신이 룻과 공범임을 드러낸다. 그는 율법을 왜곡해서 나오미에게 재산권뿐만 아니라 엘리멜렉의 땅을 팔 권리까지도 부여한다(민 36:1-12). 동시에 보아스는 그 가장 가까운 친척에게 그 땅을 지금 무를 수 있는 우선권을 부여하고, 만일 그가 거절한다면, 그다음으로는 자기에게 권리가 있는데 자신은 준비가 되어 있다고 알려서 나오미의 땅 문제를 신속히 처리한다.

보아스가 여러 모로 수익성 좋은 투자를 제안하고 있다. 초기 비용이 얼마가 들든지 간에, 엘리멜렉에게는 상속자가 없으므로 그 더 가까운 친척은 토지 보유를 두 배로 늘릴 수 있으며, 그의 아들들은 더 많이 물려받게 될 것이다.

그 더 가까운 기업 무를 자는 그러한 것을 알아볼 줄 알았다. 그래서 "내가 무르리라"라고 대답한다(4:4).

큰 도박

바로 그때 보아스가 거래 전체를 완전히 뒤엎는 조건 하나를 덧붙인다. "네가 나오미의 손에서 그 밭을 사는 날에 곧 **죽은 자의 아내** 모압 여인 룻에게서 사서 그 죽은 자의 기업을 그의 이름으로 세워야 할지니라"(4:5, 굵은 글씨는 저자 강조).

원래는 수익성 좋은 투자였던 것이 돌연 판돈이 큰 도박이 되어 버린다. 그 더 가까운 기업 무를 자가 룻과 결혼했는데 룻이 여전히 불임이라면, 그 사람은 모든 것을 물려받을 것이다. 그러나 만일 룻이 아들을 임신한다면 그 아들이 엘리멜렉의 기업을 물려받게 된다. 그 친척이 투자한 것이 몽땅 룻의 아들에게로 가며, 그 사람의 아들이 물려받을 것은 그만큼 줄어들게 된다.

말론과 십 년간 부부로 지냈기에 룻이 불임이라는 것은 거의 비밀이 아니었다. 그렇다고 해도 만일 룻이 아들을 낳는다면, "[그 친척의] 기업에 손해"가 될 것이다(4:6). 그 사람이 감당할 수 없는 파멸을 불러올 수도 있는 도박이다. 그 사람이 보아스에게 말한다. "내가 무를 것을 네가 무르라 나는 무르지 못하겠노라"(4:6).[38]

다음에 나오는 기쁨에 넘친 소란스러움, 즉 이어지는 보아스와 룻의 결혼과, 성문에서 장로들과 백성이 축하하는 말에 휩쓸리게 되면 이 이야기의 깊고도 중요한 영향을 못 보고 지나치기 쉽다.

---

38 이 지점에서 해설자는 보아스 당시에 땅을 팔 때 따르던 정형화된 전통을 설명한다. "옛적 이스라엘 중에는 모든 것을 무르거나 교환하는 일을 확정하기 위하여 사람이 그의 신을 벗어 그의 이웃에게 주더니 이것이 이스라엘 중에 증명하는 전례가 된지라"(4:7). 그래서 그 더 가까운 친척이 자기 샌들을 벗었다. 룻기의 첫 독자는 적어도 서너 세대 후, 다윗이나 솔로몬이 다스리던 때에 살던 사람들이다. 이렇게 한 사람이 다른 사람에게 재산을 이전한 것을 승인하는 의식(儀式)이 이미 실행되지 않던 때여서 설명이 필요했던 것이다. 오늘날에는 더더욱 설명이 필요하다. 이 의식이 여호와께서 아브라함에게 지시하신 "너는 일어나 그 땅을 종과 횡으로 두루 다녀 보라 내가 그것을 네게 주리라"(창 13:17)와 다소 관련이 있다고 말을 꺼내는 사람들도 있다. 하지만 확실한 것은 아무도 모른다. 우리는 이러한 전통과는 상당히 동떨어져 있으며, 샌들의 중요성에 대해서도 짐작만 할 뿐이다.

이 이야기가 결혼, 아기, 만족한 나오미, 결말에 펄럭이는 "그 후로 행복하게 살았답니다" 하는 현수막을 완비한 그림처럼 완벽한 결말을 제시한다고 생각한다면, 그 위로 더 의미심장한 일이 진행 중임을 놓치고 만다.

오, 베들레헴 작은 골

역사에 따르면 베들레헴이라는 이 작은 마을은 위대해질 마을이었다. 다른 성읍들과 비교하면 작았지만, 베들레헴은 유대 역사에서 이스라엘 왕 다윗의 출생지로서, 또 사무엘이 이 양을 치는 소년을 이스라엘의 두 번째 왕으로 기름 부은 곳으로서 우월한 자리를 확보했다.

하지만 그것들은 베들레헴이 위대해진 가장 중요한 이유가 아니었다. 선지자 미가는 베들레헴이 훨씬 더 위대해질 날에 대해 이렇게 선언했다. "베들레헴 에브라다야 너는 유다 족속 중에 작을지라도 이스라엘을 다스릴 자가 네게서 내게로 나올 것이라 그의 근본은 상고에, 영원에 있느니라"(미 5:2). 수 세대가 지난 후 메시아 예수의 탄생으로 말미암아 베들레헴은 지상의 모든 도시와 마을과 영원히 구별되었다. 해마다 성탄절이면 기독교인 수천 명이 예수의 탄생을 축하하며 베들레헴을 향해 순례한다. 예수께서 이 작은 마을을 영원히 위대한 마을이 되게 하신 것이다.

그러나 베들레헴의 위대함이라는 유산의 기원은 다윗 왕보다 훨씬 더 이전인 암흑과 격동의 시기 "사사들이 치리하던 때"로까지 거슬러 올라갈 수 있다. 이 모든 일이 한 모압 이주민이 이스라엘 국경을 넘었을 때, 여호와의 자녀로서 살겠다며 열렬하게 맹세할 때 시작되었다. 이 모압 여인은 모세 율법을 새로운 관점으로 보게 해 주었다. 자기 앞에 모세 율법의 영적 가능성이 광대하게 펼쳐져 있을 때 그 율법을 문자적으로 따르는 것으로만 만족하기를 거부했다.

헤세드가 법적 측면을 희생적인 사랑으로 바꾸었고, 절망 한복판에 생기를 불어넣었으며, 여호와의 마음속으로 더 깊이 이끌려 들어가게 했다. 룻과 보아스의 공동 노력 덕분에 비탄에 잠긴 나오미에게 새로운 희망과 생명의 숨결이 들어갔다. 그리하여 나오미는 슬픔과 상실을 겪었지만, 자기 바깥으로 돌이켜서 룻의 미래에 마음을 쓰게 되었다. 며느리가 베들레헴 주변부에서 끝없는 고독과 고통을 겪지 않게 할 계획을 생각해 냈다. 나오미에게는 룻밖에 없었는데도 룻을 넘겨주려고 한다. 마치 과부의 두 렙돈처럼 말이다.

룻은 자기 인생의 고통스러운 장(章)을 다시 열었고, 아들을 낳지 못한다면 겪을 수밖에 없는 공개적인 수치를 무릅썼다. 나오미의 유익을 위해 끈질기게 모든 상황을 되돌리려고 했다. 이것이 헤세드가 만들어 내는 삶이다.

보아스는 나오미의 밭을 사고 룻과 결혼할 것이며, 룻은 아들을 낳을 것이다. 엘리멜렉의 가장 가까운 친척이 두려워하던 일이 보아스에게 일어날 것이지만, 보아스는 재정 파탄을 기꺼이 감수했으며 엘리멜렉을 위한 아들의 아버지가 되는 대가를 기꺼이 치렀다. 그러나 복음은 우리 모두에게 우리가 우리 형제를 지키는 자임을 상기시킨다.

베들레헴의 위대함을 추적하다 보면 이러한 종류의 건전한 규칙 위반이 나온다. 하나님의 백성이 자신들의 상상력을 이용하여 율법의 정신을 추구할 때 이러한 위반이 일어났다. 나오미와 룻과 보아스가 다 함께 예수의 복음을 암시하는 희생을 한다.

| 읽 어 볼 글 들 |

- 룻기 4:1-12
- 마태복음 5:17-48; 22:36-40

| 생 각 해 볼 질 문 |

01 보아스가 베들레헴 법정에서 나오미를 어떻게 변호하는가?

02 모세 율법의 정신을 실행하는 것과 자구(字句)를 실행하는 것이 어떻게 대조되는가?

03 룻과 보아스가 나오미를 위해서 한 행동들은 예수께서 산상설교(마 5장)에서 가르치신 것을 어떻게 미리 보여 주는가?

04 이러한 종류의 규칙 위반이 "네 마음을 다하고 목숨을 다하고 뜻을 다하여 주 너의 하나님을 사랑하라"와 "네 이웃을 네 자신같이 사랑하라" 하신 가장 큰 두 계명의 무한한 가능성을 상상하는 데 어떠한 도움을 주는가?

8장

이야기의 남자다운 면

2013년, 존경받는 기자 톰 브로카우(Tom Brokaw)는 21세기가 "여성들의 세기"로 알려질 것이라고 예견했다.[39] 저널리스트 해나 로진(Hanna Rosin)은 『남자의 종말-여성의 지배가 시작된다』(*The End of Men: And the Rise of Women*)라는 우울한 제목을 붙인 책에서 자신의 명제를 확증하고 이러한 발달의 이면을 살펴본다. (남자들을 향해 놀라울 정도로 동정적인) 이 연구를 통해 로진은 최근의 사회·문화·경제의 변화가 여성들에게 이익이 되는 반면 남성들에게는 해를 입힌다는 점을 입증한다. "대부분의 문명이 존재해 온

---

39 Tom Brokaw, "Welcome to the Century of Women," April 29, 2013, http://leanin.org/discussions/ welcome-to-the-century of-women/.

동안은, 가부장제가 … 거의 예외 없이 구성 원칙이었다."[40]

이제 그 모든 것이 변하고 있다.

전통적 역할이 더 유동적으로 변하고 있으며, "진짜 남자"가 된다는 것의 의미도 과거처럼 명확하지도, 성취 가능하지도 않게 규정된다. 예전에는 주요 결정권자, 가장, 보호자로서 견고하던 남자의 사회적 지위가 서서히 무너지고 있다.

남자들은 일자리를 놓고 여자와 경쟁한다. 컴퓨터가 남자가 할 일을 대신하고, 기업 전체가 문을 닫거나 해외로 이전하면서 일자리가 사라지고 있다. 더욱이 여자가 상사인 직장에서 일하는 남자들도 많다. 어느 남자가 이렇게 한탄했다.

> 여자들은 남자들보다 오래 살지요. 이런 경제 구조에서는 여자들이 더 잘 해내요. 더 많은 여자가 대학을 졸업해요. 여자들이 우주로 가서 남자들이 하던 일도 다 하고요. 남자들보다 훨씬 더 잘할 때도 있어요. 제 말은, 젠장, 비키라고 해요. 이런 여자들이 우리 남자들을 앞지를 거예요.[41]

천 년 동안 남자들에게 유리하게 기울었던 추가 이제 여자들에

---

40 Hanna Rosin, *The End of Men: And the Rise of Women* (New York: Riverhead, 2012), 10. 『남자의 종말』(민음인, 2012).
41 Rosin, *End of Men*, 13.

게 유리한 쪽으로 기운 것 같다.

기울어진 추

룻기를 읽고 있는 사람이라면 이 책에서조차도 그 추가 여자들에게 유리한 쪽으로 기울고 있다는 의심이 들지도 모른다. 룻기의 처음 몇 절은 그 이론을 지지하는 것처럼 보인다.

엘리멜렉은 룻기에서 가장 먼저 언급되는 인물이다(1:1). 가부장제의 관습에 따라, 나머지 세 식구는 엘리멜렉과 관련지어서 신분 확인을 받는다. "**그의** 아내의 이름은 나오미요 **그의** 두 아들의 이름은 말론과 기룐이니"(1:2, 굵은 글씨는 저자 강조).

그러나 이 이야기에서 엘리멜렉과 그의 두 아들이 주연으로 등장하는 대신 재앙이 닥치고, 짧은 다섯 절이 끝나기도 전에 이 세 남자가 다 죽어서 모압에 묻힘으로써 룻기의 주요 사건과는 완전히 멀어져 버린다. 놀라운 일은, 해설자가 남자가 하나도 없다고 해서 이야기를 중단하지 않는다는 점이다. 오히려 아주 매끄럽게 이 세 남자의 아내들 쪽으로 스포트라이트가 이동하고, 이야기가 계속 이어진다.

이 시점부터 이야기는 나오미의 이야기가 된다. 어느 주석가는 특히 고대 가부장제라는 정황 안에서 이렇게 이례적인 이동이 일어난 것에 밑줄을 긋는다. "[엘리멜렉이] **나오미의 남편**(굵은 글씨는 저자 강조)이라고 불리는 것이 흥미롭다. 그래도 남자의 특징을 여자와의 관계로 설명하는 것을 찾아보기 어렵기는 하다." 이 주석가는 다음과 같이 덧붙이면서 엘리멜렉에게 마지막 일격을 가한다. "이 이야기에서 [엘리멜렉은] **아무런 역할도 하지 않는다**"[42](굵은 글씨는 저자 강조).

나머지 이야기는 여자들이 내리는 결정을 중심으로 돌아간다. 사실상 룻이 사건을 이끌어 간다. 나오미와 함께 베들레헴으로 가거나 이삭을 줍겠다는 결정을 할 때뿐 아니라 담대하게 유대 문화의 중심에 있는 거룩함의 영역에 뛰어들어서 모세의 율법을 재해석할 때도 그렇다. 그리고 룻이 주도하고 보아스가 응답하는 충격적인 역할 반전이 일어난다.

이것이 모든 것을 얼마나 뒤엎어 버렸는지를 생각하면, 이 이야기에서 추가 여자에게 유리하게, 남자를 희생시키는 쪽으로 기울고 있다고 믿기 쉽다. 그러나 절대로 그렇지 않다. 그와 반대되는 증거들이 있기는 하지만, 처음부터 마지막까지 **룻기는 온통 남자에 대한 책이다.** 남성과 여성의 대결보다는 훨씬 더 깊은 의미의 일들이 진행되고 있는 것이다.

"이 이야기에서 [엘리멜렉은] 아무런 역할도 하지 않는다"며 결

---

42 Leon Morris, *Ruth: An Introduction and Commentary* (Downers Grove, IL: InterVarsity, 1968), 250.

론내리는 것은 심각한 판단 오류다. 엘리멜렉과 그의 아들들은 모든 장에 등장한다. 이들의 이익보다 더 중요한 일은 일어나지 않는다. 더욱이 이 이야기는 요즘처럼 남자다움이라는 정체성의 핵심을 공격해서 많은 남자가 아무 의미나 목적 없이 방황하게 만드는 변화가 넘쳐나는 세상에 절실히 필요한 유형의 남자다움을 펼쳐 보여 준다. 룻기에는 남자들에 대해서, 또 남자들을 향한 말이 아주 많이 기록되어 있는데, 그것은 문화적 추의 흔들림보다 훨씬 더 강력하다. 분명, 룻기는 여자들과 소녀들에게 강력한 메시지를 전하는데, 그 메시지는 남자들을 희생시킴으로써 나오는 메시지가 아니다. 그러나 동시에 룻기는 급진적이며 이 세상의 것이 아닌 유형의 남자다움을 펼쳐 보여 주고, 예수께서 몸소 보여 주실 남자다움을 미리 보여 준다.

룻기는 "여성들의 세기"에서 살아가는 남자들과 소년들에게도 좋은 소식이 가득한 책이다.

보아스 구하기

전통적 해석에서는 보아스가 이 이야기에 등장하면 독자들이 안도의 한숨을 쉬며 다 안다는 듯이 서로 눈짓을 주고받는다. 이제 영웅을 만났다. 로맨스가 시작되게 하라! 보아스가 도착하자 곧 룻의 운명이 더 나아지리라는 희망이 샘솟는다. 지금도 독신 여성들이 흔히들 "나의 보아스를 기다리고 있어요"라고 말한다.

보아스를 로맨틱한 인물로 가볍게 다룰 때, 보아스라는 인물이 축소되고 보아스가 정말 당연히 받아야 할 인정을 빼앗을 뿐 아니라, 보아스가 맡은 영향력 있는 역할과 보아스의 이야기에 담긴 복음의 속 깊은 지혜에 집중하지 못하게 된다. 너무 오랫동안 우리는 보아스를 "그 여자를 얻은 남자"로 희화화하여 제대로 대우하지 않았다.

더욱이 보아스를 그렇게 묘사하면 인물의 성격에 심각한 의문이 제기된다. 보아스 같은 밭주인이 자기 밭에서 이삭 줍는 여자를 로맨틱한 동기로 탐내며 쳐다보는 경우에 그 사람은 어떠한 종류의 악한 권력 남용에 연루되는 것인가? 사회적 지위도 경제적 여유도 없으며, 설상가상으로 불임이기까지 한 신부를 집에 데리고 간다면 가문의 명예를 얼마나 더럽히는 것인가?

게다가 만일 보아스가 결혼을 염두에 두고 있었다면, 왜 머뭇거리는가? 룻을 집으로 보내면서 최소한 룻과 나오미가 다시는 굶주림을 걱정할 필요가 없을 것이라고 확약이라도 해 줘야 하지 않는가? 오히려 룻은 추수철이 다 끝날 때까지 뜨거운 햇볕 아래서 쉴 새 없이 일했다.

보아스에게 공평하게 말하자면, 보아스에 대한 로맨틱한 해석이 해설자가 묘사한 '하일'이 있는 남자와 서로 일치하지 않으므로 보아스를 더 면밀히 살펴보는 것이 당연하다.

보아스가 룻을 부를 때 나오미와 똑같이(1:11, 12, 13; 2:2, 8, 22; 3:1, 16, 18) "내 딸아"(2:8; 3:10, 11) 하고 부르는 것에서 알 수 있듯이, 보아스는 나오미와 같은 세대의 나이 든 남자다. 룻기 마지막에 나오는 계보를 보면 보아스는 순수 이스라엘 자손이고, 지도자 격인 유다 지파의 중요한 가문에서 태어났다. 보아스의 할아버지 나손은 유다 지파의 지휘관이었으며, 이스라엘에서 모세와 아론에 이어 셋째 가는 인물이었다. 보아스는 룻에게서 낳은 아들인 오벳을 통해, 다윗 왕의 증조 할아버지가 되었고, 이 왕조의 혈통이 예수께로 이어진다. 대단한 족보다!

룻이 보아스를 처음 만났을 때는 자기가 이삭을 주우러 간 밭의 주인에 대해서 아무것도 몰랐다. 그러므로 벅찬 상대인 나이 든 지주에게 룻이 한 청혼에는 상당한 우려가 포함되어 있었다. 국제정의선교회(International Justice Mission)는, 부족 실세들이 과부들의 재산을 빼앗아서 가족을 부양할 유일한 수단을 박탈하는 학대에 대항하는 법적 투쟁을 전 세계에서 셀 수 없이 많이 벌이고 있다.[43] 이러한 시나리오가 오늘날 세계에서 되풀이된다. 바로 이러한 종류의 위험에 룻이 직면했다.

---

43 www.ijm.org 참조.

중요한 순간

보리밭에서의 룻과 보아스의 우연한 첫 만남을 매우 중요하게 들 다룬다. 이 만남은 두말할 나위 없이 이야기에서 **"그"** 중요한 순간이다. 그러나 일이 잘되리라는 것을 미리 알 수 있는 사람은 아무도 없었다. 좋은 이야기들에는 긴장이 있다. 보아스의 등장으로 제기되는 매우 중요한 질문 중 하나는 이 인상적인 남자가 자신의 권력과 특권을 어떤 식으로 사용할 것이냐 하는 것이다.

우선, 룻과 보아스는 사회적·문화적으로 더 말을 할 수 없을 정도로 격차가 어마어마했다. 이들은 양극단에 있다. 보아스에게는 모든 장점이 있다. 약점은 다 룻의 것이다. 이들 사이에 있는 이러한 차이 때문에 인류 역사 내내 인간의 권리를 가장 끔찍하게 짓밟는 일이 일어났고, 지금도 일어나고 있다. 이 이야기에 나오는 폭발성 높은 조합을 생각해 보자. 보아스와 룻은 남성과 여성, 부유한 자와 가난한 자, 늙은 사람과 젊은 사람, 유대인과 이방인, 원주민과 이주민, 강자와 약자, 소중히 여김을 받는 자와 버림받은 자의 조합이다. 니트로글리세린 혼합물 같은 이러한 조합을 본다면 누구든지 끔찍한 일이 일어나리라고 예상할 것이다. 특히나 룻이 보아스에게 요청하면서 보아스가 밭을 관리하는 방식을 은근히 비판하고 있다면 말이다.

그러나 룻이 이삭 줍는 사람들이 들어가면 안 되는 구역에서 이삭을 줍겠다고 요청하자 보아스가 박수갈채를 받을 만한 행동으로 응답한다. 보아스는 분명 깜짝 놀라기는 했지만, 기분이 전혀 상하지 않았다. 모세 율법에 대한 룻의 관점 덕분에 보아스의 눈이 번쩍 뜨였다. 보아스는 룻의 요청에 귀 기울이고 이를 허락했을 뿐 아니라, 룻이 이삭을 많이 줍는 것을 절대 방해하지 말라고 분명히 지시함으로써 룻의 요청을 넘어선다. 이 얼마나 반체제적인가?

우리는 보아스의 응답에 담긴 놀라운 의미를 놓쳐서는 안 된다. 보아스는 더 나아질 필요가 없는 사람으로 방금 소개되었다. 당시 문화의 눈으로 보면 (해설자의 눈으로 보아도) 보아스는 특별한 사람이다. 그럼에도 보아스는 룻과 이야기를 나누면서 눈이 번쩍 뜨인다. 룻이 무엇을 하려고 하는지 깨닫는다. 룻의 관점이 보아스가 수년 동안 운영해 온 사업에 새로운 빛을 비추어 준다.

장 칼뱅이나 제롬 같은 저명한 신학자가 부유한 후원자인 귀족 여성과 대화를 나누는 것과, 보아스와 같은 신분의 남자가 문화적으로 말하자면 자기보다 한참 아래에 있는 여자와 대화를 나누는 것은 완전히 다른 일이다. 보아스는 동굴과 같이 아주 크고 깊은 틈 사이에 다리를 놓고 있다. 그러나 이 이야기에서 증명되고 보아스가 인정하듯이, 룻은 어느 의미에서 보든지 보아스에게 아주 잘 어울리는 사람이다. 보아스가 룻을 칭찬하는 방식을 보면 룻을 자기와 대등한 사람으로 인정하며, 이 세상에서 일반적으로 통하는 생활 방식을 거스른다는 것을 알 수 있다.

만일 룻이 사회 경계선을 침해했다는 이유로 보아스가 룻을 묵살하거나, 무시하거나, 꾸짖거나 심지어 학대하기까지 했다면 어땠을까? 이 이야기가 그 후로 어떻게 전개되었을까? 룻과 나오미는 아마도 간신히 입에 풀칠하며 살았을 것이다. 나오미가 활기를 되찾지 못했을 것이다. 안식처를 찾을 것을 바라며 룻을 보아스에게 보낼 생각은 하지도 못했을 것이다. 룻 역시 엘리멜렉의 유산을 구하려는 시도도 하지 못했을 것이다. 엘리멜렉의 밭은 아마도 나오미가 죽을 때까지 휴경지인 채로 있었을 것이다. 장로들과 마을 사람들은 보아스처럼 우수한 남자가 엘리멜렉을 위해 꼭 자기가 해야 하는 것도 아닌 놀라운 희생을 함으로써 훨씬 더 위대한 사람이 되어 가는 것을 목격하지 못했을 것이다. 결혼도, 오벳도 없었을 것이다.

보아스의 응답이 기독교인들에게 너무나 큰 쟁점이 된다. 하나님과 더 깊이 동행하는 것을 가로막는 매우 큰 장애물 중 하나는, 자신의 믿음을 다시 생각해 보고, 다른 이들에게 귀를 기울이며, 배우고, 변하는 것에 대한 저항이다. 성경 전체에서 하나님과 동행하는 이들에게 그분이 반복하여 요구하시는 것은, 가능한 한 오랫동안 기꺼이 틀려 보고, 배우고, 성장하는 것이다. 하나님과 동행한다는 것은 때로는 진리가 요구하는 것을 배운다는 뜻이며, 진리가 요구하는 것을 배운다는 것은 평생을 다시 생각해 본다는 뜻이다. 하나님과 함께한 아브라함의 여정은 아브라함이 75세일 때 본격적으로 시작되었다. 75세는 대개 자기 방식대로 정착할 권리를 주장할 나이다. 아브라함은 변해야 했고, 변할 때마다 믿음이 더 깊어졌다. 얼마 전에, 수십 년간 목회를 해 온 어느 목사가 자기가 뭔가를 잘못 생각해 왔음을 깨달았다. 교인 한 명이 무슨 일이 있느냐고 묻자, 그 목사가 이렇게 대답했다. "제가 성장할 기회가 왔습니다." 성장할 기회와 변할 용기, 보아스에게 일어난 일이 그것이다.

룻과 교류하면서 보아스는 문화적 기대를 공개적으로 어겼다. 가부장제 속에서의 남성다움의 기준을 보여 주는 대신 그 기준을 뒤엎었다. 체제에 맞섰다. 남성다움에 대한 지배적인 정의에 사로잡히지 않았다. 보아스는 그와 같은 기대에 매이지 않았으며, 자기를 희생하더라도 올바른 일을 할 정도로 통이 컸다. 보아스는 외국인이며 새로 온 사람인 룻과 교류하면서 룻의 영향력을 받아들였고, 그렇게 하는 가운데 성장할 기회를 발견했다.

보아스는 시대를 앞서간 사람이었다. 오늘날 일터에서 같은 질과 같은 양의 노동에 대해서 동일한 임금을 지급해야 한다는 목표를 우리는 아직 이루지 못했다. 보아스는 평등을 넘어섰다. 룻이 집에 가져간 급여는 남자 일꾼들이 벌었을 일당의 15배에서 30배였다. 보아스는 하나님 율법의 정신을 따랐기에, 가난한 사람들을 위해 정의를 모색했고 그들에게 먹을 것을 주었다.

보아스와 최고 권력

기업 무를 자의 의무와 계대 결혼법이라는 문제에 대해서, 보아스는 피고 측 변호인이 군침을 흘릴 만한 허점을 놓치지 않는다. 보아스는 엘리멜렉의 가장 가까운 친척도, 피붙이인 형제도 아니다. 법적으로 보아스는 율법이 요구하는 범위 바깥에 있다. 룻이 이 두 율법을 하나로 묶은 것은 매우 비정상적인 행동이었으며, 특히 나오미의 경우에는 공소시효마저 지났다. 그러므로 보아스가 베들레헴에 가서 엘리멜렉의 가장 가까운 친척에게 그 상속할 땅을 사라고, 그리고 룻과 결혼해서 엘리멜렉의 대를 이을 아들을 낳으라고 압박할 때, 실은 율법의 요구 사항을 넘어서는 압력을 가하고 있는 것이다. 여기에서 의문이 생긴다. 보아스는 어떻게 빠져나갔는가?

보아스가 룻을 위해 나오미의 변호인이 되기로 자처한 것은, 보아스가 당시 문화를 정말 급진적으로 거슬렀음을 입증한다. 남성들이 주도권을 장악한 정부인 베들레헴 성문에서 보아스는 여성들에게 법적 발언권을 준다. 나오미에게 재산권이 있다고 추정하고, 나오미의 밭을 사 주는 것이 매우 긴급한 사안이라고 주장한다. 이 정도는 놀라운 것도 아니라는 듯이 보아스는 기업 무를 자가 피붙이인 형제 대신 계대 결혼법을 준수해야 한다며 율법을 개정하기까지 한다.

> **권력의 선택**
> "권력에는 인정하든지 인정하지 않든지 어려운 선택이 따라온다. 권력을 가진 사람은 한편으로는 그 권력을 자기를 위해, 자기 땅이 늘어나도록 휘둘러서 그런 식으로 베들레헴에서 자기 권력이 커지게 할 수 있다. 다른 한편으로는 반체제적 자세를 취해서 자기 권력을 사용하여 힘없고 약한 사람들에게 힘을 주고 그들을 지킬 수도 있다. … 보아스는 항상 자신의 권력을 어떤 방식으로 행사할 것인지, 자기에게 여호와께서 맡기신 복을 어떻게 처리할 것인지와 관련된 도전을 받았을 것이다."_ "The Power of Power," in Carolyn Custis James, *Malestrom: Manhood Swept into the Currents of a Changing World* (Grand Rapids: Zondervan, 2015), 119-20.

보아스는 또 율법을 여성의 권리를 강력하게 위하는 방향으로 개정한다. 여성의 권리는 고대 시대에는 아무도 듣지 못한 개념으로, 오늘날 현대 세계에서 긴급한 쟁점이 된 개념이다. 그런데 베들레헴 지도자 중에서 유력 인물인 보아스를 막을 수 있는 자가 하나도 없었다. 보아스는 룻이 요청한 모든 일을 끝까지 밀어붙일 뿐 아니라, 자기가 하겠다고 맹세한 그대로 엘리멜렉을 구하기 위해 자기의 땅을 줄인다. 아무도 보아스에게 반대하지 않은 것으로 보아, 보아스의 권력이 상당히 강했음을 알 수 있다.

보아스는 어떻게 하면 남성의 권력과 특권이 선을 위하는 강한 힘이 될 수 있는지를 보여 준다. 보아스는 법이 요구하는 바를 자발적으로 넘어서는 보기 드문 희생을 한다. 그런데 바로 그 모습이 헤세드다.

보아스 이야기는 여자들의 부상(浮上)이 남자들에게는 손해라고 잘못 알고들 있는 속담을 반박한다. 룻의 부상은 보아스가 더 훌륭한 남자가 되는 데, 성경 전체에 나오는 위대한 남자 중 한 사람이 되는 데 영향을 미쳤다.

죽어서 묻혔으나, 잊히지 않은 사람들

룻기에서 매우 아름다우면서도 놀라운 사실은, 첫인상과 달리 엘리멜렉뿐 아니라 두 아들 말론과 기룐까지도 룻기의 처음부터 마지막까지 등장한다는 것이다. 이 세 사람이 다 죽어서 묻혔는데도 모든 장에 등장한다. 전투가 치러지고 이야기는 **그들의** 유산을, 즉 그들의 기업과 혈통을 구해 주는 쪽으로 움직인다.

이들의 죽음이 나오미를 영적 위기로 몰아간다. 이들의 부재가 나오미를 "텅 빈" 상태가 되게 한다. 나오미는 키질하고 나니 엄청나게 많은 보리를 룻에게서 건네받으면서 순조롭게 방향을 전환하는 사건들을 곧바로 자기 남편과 아들들과 연결한다. 나오미는 여호와께서 "살아 있는 자와 **죽은 자에게**"(2:20, 굵은 글씨는 저자 강조) 헤세드 베풀기를 잊지 않으셨다고 외치면서 엘리멜렉과 아들들을 언급한다. 이 놀랍고도 희망 가득한 표현은 우리가 잃은 사랑하는 사람들을 생각하는 방식을 새롭게 바꾸어 준다. 죽은 이들은 그들을 잃고서 슬퍼하는 사람들에게뿐 아니라 여호와께도 여전히 중요하며, 여호와께서는 그들에게 계속 헤세드를 보여 주시고 그들을 위해 역사하신다. 여호와께서는 그들을, 그들의 관심사를, 그들의 기도를 잊지 않으신다.

그렇다면 타작마당에서 룻은 스러져 가는 엘리멜렉의 혈통을 모든 것을 걸고서 구하려고 한 것이다. 죽은 남편 말론을 대신할 아들을 위해 룻이 계대 결혼법에 호소한다. 결국 여호와께서 "그에게 임신하게 하시므로" 아들이 태어나고, 비어 있던 나오미의 두 팔이 아기 오벳을 품는다. 엘리멜렉의 땅은 이름이 나오지 않는 그 가장 가까운 친척에게도, 아니 보아스에게조차도 넘어가지 **않을** 것이다. 대신 오벳이 말론을 대신하여 상속할 것이다.

룻기 마지막에 나오는 계보에 따르면(4:18-22), 오벳의 아들 이새는 다윗 왕의 아버지다. 훗날 여호와께서 사무엘을 베들레헴에 보내셔서 다윗에게 왕으로 기름 붓게 하실 때, 이새와 아들들이 거주하던 땅이 한때 엘리멜렉에게 속해 있던 땅이다(삼상 16:1-13).

복 받은 연합

룻기는 여자들의 부상(浮上)이 남자들에게는 손해라는 개념을 없애 버린다. 이 고대의 이야기에는 남자들과 연합함으로써 여자들의 노고가 발전하는, 흔치 않은 합류 지점이 있다. 여호와께서는 당시 문화에서 여자들을 어떻게 보는지에 상관없이, 여자들을 당신의 목적을 이루는 데 반드시 필요한 존재로 여기셨다. 그리고 여호와의 헤세드가 빚어 낸 여자들의 행동은 남자들에게 유익을 주었다.

보아스가 룻을 만날 때마다 룻에게 친절하게 대하거나 룻의 압력에 굴복한 것은 아니다. 사실상 보아스는 룻에게 **배우고 있었다.** 대화를 나눌 때마다 룻이 보아스와는 다른 관점을 제시한다. 이들의 관계가 가리키는 때는 태초까지, 하나님께서 이 세상에서 하나님을 대신하여 함께 하나님의 일을 하게 하시려고 하나님의 형상을 지닌 남자와 여자를 창조하시던 때까지 거슬러 올라간다. 하나님은 남자와 여자의 관계에, 부부 관계뿐 아니라 남녀의 모든 공동 작업에 **복을 주셨다.**

창조주께서 "사람이 혼자 사는 것이 좋지 아니하니 내가 그를 위하여 **에제르 케네그도**(*ezer kenegdo*)를 지으리라"고 말씀하신 것은, 남자와 여자 사이의 든든한 관계가 전략상 중요하다고 강조하신 것이다. **에제르**는 히브리어 명사로, 성경에는 늘 군사적 맥락에서 나오며 군사 용어로 인식되는 말이다.[44] 첫 사람 남자와 여자가 직면한 도전과, 극악한 대적이 공격을 꾀하고 있다는 것을 생각해 보면, 여호와께서 군사 용어를 사용하여 여자를 설명하신 것은 전혀 놀랄 일이 아니다.[45] **케네그도**도 중요한 히브리어 단어로, 여자가 남자에게 완전한 동료임을 보여 준다. 여자는 남자보다 열등하지도 우등하지도 않다. 여자는 남자에게 잘 어울리는 상대다.[46]

룻과 보아스는 하나님이 태초부터 뜻하신 복 받은 연합(Blessed Alliance)의 가장 좋은 예를 우리에게 함께 보여 준다. 이들이 함께 하자 각자 혼자서 성취할 것보다 더 많은 것을 성취했다. 사실 이들이 각자 혼자서 행동했다면 나오미와 나오미의 가족의 일에 관

---

44 참조. "Eve-A Forgotten Legacy," in Carolyn Custis James, *Lost Women of the Bible: The Women We Thought We Knew* (Grand Rapids: Zondervan, 2005), 27-45, and "The Ezer Unbound," in Carolyn Custis James, *Half the Church: Recapturing God's Global Vision for Women* (Grand Rapids: Zondervan, 2011), 99-118.

45 로버트 알터는 '에제르 케네그도'가 "시편에 자주 나오듯이 **특히 군사적 맥락에서** 누군가를 위해 적극적으로 개입한다는 뜻을 담고 있다"는 데 주목한다(굵은 글씨는 저자 강조). Robert Alter, *Genesis-Translation and Commentary* (New York: Norton, 1996), 9.

46 "분명 남자는 자기에게로 데려온 동물들을 도움이 되는 존재로는 인식했지만, 동물들은 남자와 **동급인 상대는 아니었다.** 그래서 하나님께서는 가장 신비로운 방법으로 여자를 만드시는 조치를 취하셨는데, 바로 남자로부터 만드신 것이다! 여자는 다른 동물들과 달리 **완벽한 상대**였으며, 남자는 즉시 그것을 인식하고 그런 의미로 여자를 받아들였다"(굵은 글씨는 저자 강조). Gerhard von Rad, *Old Testament Theology: The Theology of Israel's Historic Traditions* (New York: Harper & Row, 1962), 1:149-50.

한 한 거의 아무것도 성취하지 못했을 것이다.

룻을 통해 보아스는 여호와의 자녀라는 부르심을 실행하는 것에는 자기가 이미 이해하고 있던 것보다 더 많은 것이 있음을 발견한다. 룻이 솔직하게 모세 율법을 재해석한 덕분에 보아스가 더 나은 남자가 되었다. 보아스와 룻의 연합 덕분에 쓸쓸하던 룻의 시어머니 나오미가 생기를 되찾고, 나오미 집 남자들이 복을 받으며, 이 연합이 궁극적으로는 세상을 향한 하나님의 목적을 진전시키는 데 전략상 중요하다는 것이 입증된다. 이야기의 결말에 이르렀을 때 보아스는 처음 소개될 때보다 훨씬 더 큰 사람이 된다.

이 이야기에서 여자들의 부상은 엘리멜렉의 유산이 오벳 안에 계속 살아남는다는 의미다. 룻기가 이 점을 입증한다. "사람이 혼자 사는 것이 좋지 아니하니"(창 2:18). 요점은 남자들에게는 여성 동지들이 앞으로 나아가 자기들에 대한 하나님의 부르심에 응답하는 것이 필요하다는 것이다. 그리고 이제 우리는 세상을 향하신 하나님의 목적에 나오미가 얼마나 꼭 필요한 사람인지를 보게 될 것이다.

| 읽어 볼 글들 |

- 룻기 1:1-5; 4:16-22
- 사무엘하 23:3-4

| 생각해 볼 질문 |

01 룻기 공부가 여자들뿐 아니라 남자들에게도 유익한 이유는 무엇인가?

_____

_____

02 룻기는 여자가 이야기에서 주도적인 위치를 차지하면 남자들에게는 손해라는 개념을 어떻게 없애 주는가?

_____

_____

03 보아스는 다른 이들의 성공을 위해 복음에 합당하게 권력을 사용하는 본을 어떻게 보여 주는가?

_____

_____

04 보아스가 구체적으로 보여 주는 남자다움은, 우리 문화와 교회가 규정하는 남성상과 어떻게 충돌하는가?

_____

_____

9장

일곱 아들보다 나은

"슬픈 이야기에는 행복한 결말이 없다. … [그러나] 슬픈 이야기가 새로운 시작을 낳을 수는 있다."[47] 성경학자 필리스 트리블(Phyllis Trible)의 말은 룻기에 관한 한 맞는 말이다. 룻기가 슬픈 이야기임은 분명 부인할 수 없는 사실이다. 여자 욥으로 인식되는 나오미는 가족을 잃고 나서 슬픔과 하나님에 대한 힘겨운 질문을 닻처럼 이야기의 중심에 고정시킨다. 나오미 이야기는 교회를 향한 일종의 선물이다. 나오미의 정직함 덕분에 우리 역시 자신에게 의심이 있음을 인정하고, 쉽지 않은 질문을 던지며, 하나님 앞에서 정직하게 관계를 맺게 되기 때문이다.

---

47 Phyllis Trible, *Texts of Terror: Literary-Feminist Readings of Biblical Literature* (Minneapolis: Fortress, 1984), 2.

더욱이 슬픔이 늘 나오미의 삶의 풍경을 결정지었으리라는 사실을 강조하여 되풀이하는 것도 중요하다. 우리는 깊은 비극으로 삶이 얼룩진 사람들이 어떻게든, 언젠가는 그 묵직한 슬픔에서 헤어나리라고 착각한다. 하지만 샌디 후크(Sandy Hook) 초등학교 총기 난사 사건으로 아이를 잃은 부모나 전쟁으로 자식을 잃은 부모들은, 그 후로 아무리 많은 일을 겪어도 죽을 때까지 그 슬픔을 안고 살아갈 것이다.

틀림없이 나오미도 죽을 때까지 자기가 모압에 묻고 온 남편과 아들들 때문에 슬픔 가운데 지냈을 것이다. 사랑하는 사람을 잃은 여느 사람처럼 나오미도 사소한 자극에도 느닷없이 거세게 밀려와 심신을 쇠약하게 만드는 이러한 슬픔의 물결에 쉽게 상처를 입었을 것이다. 그저 아련한 추억 한 조각, 의도는 좋으나 잘 모르고 말했기에 그 좋은 의도만큼 상처를 주는 말, 한때 함께 지내던 곳으로 홀로 돌아오는 것, 완벽하게 행복해 보이는 다른 가정의 사진 같은 것만 있어도 그러한 자극을 받는다. 때로 슬픔이라는 세력이 잠복해 있다가 아무 논리적 설명도 없이 공격할 수도 있다. 나오미가 귀청을 찢을 듯이 슬피 울며 여호와께 화를 내는 장면으로 시작한 이 이야기가 모든 불행이 다 지워진 채로 끝날 수 있으리라 상상한다면 우리는 그저 자신을 속이고 있는 것이다.

그러나 룻기가 심적 고통으로 가득한 책이라고 하더라도, 새로운 시작 역시 가득한 책이며, 그중에는 성경에 기록될 성싶지 않은 시작도 있다. 나오미는 슬픔에 에워싸여, 자기 인생이 끝났다고 자각하지만, 며느리의 담대한 지지 덕분에 자신을 향하신 여호와의 헤세드가 변함없음을 깨닫는다. 나오미가 그렇게 깨닫자, 상실과 산산이 부서진 삶이라는 잿더미에서 새로운 희망이 움튼다. 아이러니하게도 나오미의 새로운 시작은 나오미의 고통에 뿌리를 박고 있다.

나오미의 경험은 예일대 교수인 니콜라스 월터스토프(Nicholas Wolterstorff)가 아들을 등반 사고로 잃는 비극을 겪은 후에 비통해하며 쓴 글에서도 메아리친다. "세계에는 이제 구멍이 생겼다. 나는 눈물을 통해 세상을 바라볼 것이다. 아마 나는 눈물 어린 눈으로만 볼 수 있는 것들을 보게 되겠지."[48]

룻기는 처음부터 끝까지 궁극적으로 여호와의 이야기다. 나오미가 여호와를 더 분명하게 이해하면서 전체 이야기가 더욱 발전하는데, 정확하게 말하면 나오미가 눈물을 통해 세상을 바라보기 때문이다. 쭉정이를 가려내니 한가득인 보리와 같이 (잘살던 시절이었다면 무심코 지나쳐 버렸을) 일상적인 일에서, 놀랍게도 나오미는 자신을 향하신 하나님의 헤세드가 계속된다는 확실한 증거를 발견

---

[48] Nicholas Wolterstorff, *Lament for a Son* (Grand Rapids: Eerdmans, 1987), 26. 『나는 사랑하는 사람을 잃었습니다』(좋은씨앗, 2014).

한다. 여호와의 사랑은 변함이 없으며, 밀물과 썰물처럼 그분 자녀의 가치나 행위에 따라 밀려왔다 밀려가지 않는다. 이상해 보일지 모르지만, 상황이 여호와의 헤세드를 가늠하는 지표가 될 수 없다. 나오미는 여호와께서 자기와 맞서고 계신다고 믿고 있었는데, 땅이 흔들리는 듯이 놀라운 이 발견으로 말미암아 그러한 믿음이 잘못되었음을 인정한다. 또 가부장제 문화는 나오미를 아무 가망 없이 떠다니는 나무 조각으로 규정했으며, 이 문화에서 나오미는 아무 쓸모없는, 빵점짜리 사람이었지만, 그러한 문화적 정황 앞에서도 여호와의 헤세드는 변함없이 흐른다.

> **성경의 혁명적 여성관**
> "여자 아기를 죽으라고 똥거름더미에 던지거나, 남편의 화장(火葬)을 치르는 장작 위에다 그 아내를 같이 불에 태우는 일은 그간 세상에서 여성들에 관해 내린 정말 끔찍한 가치 선언 중 일부다. 여성에 대한 부정적인 선언은 이러한 잔혹 행위에서 시작해서 좀 더 부드럽고 고상한 형태에 이르기까지 극과 극을 달린다. 그러나 이것들은 모두 동일하게 타락한 가치 체계에 속해 있다. 성경의 여성관은 그러한 체계 전체를 부정하며, 완전히 새로운 사고방식을 제시한다. 하나님의 딸들에 대한 하나님의 관점과 하나님의 나라에서 그 딸들의 역할에 대한 하나님의 전망은, 세상의 여성관과의 충돌을 피할 수 없으며, 룻기에서는 바로 그러한 충돌을 보여 준다." _ Carolyn Custis James, *The Gospel of Ruth: Loving God Enough to Break the Rules* (Grand Rapids: Zondervan, 2008), 200.

욥처럼 나오미에게도 상실이라는 영원한 흔적이 남았다. 그러나 그 눈이 번쩍 뜨이는 순간 이후에 우리가 본 나오미는 그전에 하나님과 삶과 미래를 향하여 절망하고 있던 그 여자가 아니다. 이제 나오미는 문화에서 보내는 신호를 받아들이지 않는다. 나오미가 한번 여호와의 헤세드 덕분에 움직이기 시작하자, 자기 바깥으로 돌아서서 룻에 대해 생각했으며, 그 과정에서 세상을 구원하시려는 하나님의 작전이 진전되는 데 있어서 공동 작업자이자 능동 행위자가 되었다. 나오미가 가장 밑바닥에 있을 때 겉보기에는 인생이 참으로 절망적이었지만, 여호와는 결코 그분의 딸들이나 아들들을 떠나지도 버리지도 않으신다.

0에서 일곱 아들보다 나은 존재로

나오미와 룻 사이에는 매우 뚜렷한 차이가 있다. 분명히 이들은 부정적인 면에서 유사점이 있기는 하다. 둘 다 남편을 잃었다. 아무에게도 아들이 없었다. 이들은 아무런 보호도 받지 못한 채 가부장제 문화 가운데 함께 고립되어 있었다. 나오미나 룻이나 모두 여자에게 단연 가장 귀중한 자질인 아이를 낳을 능력이 없었다. 십 년이나 부부 생활을 했지만 딸 하나 없다는 것이 분명했기에, 룻은 자신의 불임 사실을 감출 수도 없었다. 나다니엘 호손(Nathaniel Hawthorne)의 소설에서 주인공 헤스터 프린이 입는 옷에 수놓도록 판결받은 악명 높은 주홍색 "A"처럼, 그 비참한 0점이 룻에게 뚜렷이 새겨졌다.

그런데 룻이 나오미와 함께 베들레헴으로 이주해 오자 룻의 문화적 점수가 0점 이하로 떨어진다. 이제 설상가상으로 룻은 이주민이고 외부인이며 이교도 배경을 가진 채 갓 개종한 사람이고, 생존을 위해 쓰레기통을 뒤지는 처지다. 더욱이 룻은 과거와 단절되어서, 아무 데도 뿌리 내리지 못한 사람이다. 가부장제 아래서 혼자인 젊은 여자의 정체성과 사회적 지위를 결정하는 관계는 그 여자가 아무개의 "딸"이라는 것이었다. "이는 누구의 소녀냐?" 보아스가 사회적 사다리에서 룻의 위치를 정하고자 이렇게 묻는다. 돌아온 대답은 그 자체로 일종의 손해가 되는 대답이다. "이는 나오미와 함께 모압 지방에서 돌아온 모압 소녀인데"(2:6).

이스라엘 문화에서 룻은 하찮은 존재다. 그러나 룻의 등급은 곧 변할 것이다. 룻이 나오미의 설득에도 꿈쩍도 하지 않고 나오미와 나오미의 백성과 나오미의 하나님을 기꺼이 받아들인, 모압과 베들레헴 사이에 있는 길이 룻에게는 전환점이 되어서 룻 이야기의 새로운 시작을 알린다. 그때 이후로, 모든 것이 변했다.

시어머니와 꼭 함께 하겠다는 룻의 급진적이며 도전적인 결정이 베들레헴에 알려졌다. 분명히 나오미가 말했을 것이고, 이웃들도 말했을 것이다. 곧 베들레헴 사람들은 한 여자가 자기 인생에서 남자나 아들보다 더 중요한 이유를 위해 살아가는 것에 감탄하기 시작했고, 여성들에 대한 당시의 문화의 잣대도 버리기 시작했다. 그러고 나서 이들은 룻이 여호와 앞에서 살아가는 모습을 보며 룻을 귀하게 여기게 되었다. 룻의 문화적 결함을 배경으로 해서, 나오미가 자신에 대해 알게 되는 내용과 궁극적으로 보조를 맞추는 완전히 새로운 가치 체계가 등장한다.

보아스가 룻에게 처음으로 건넨 말을 보면 일찌감치 룻을 존경하는 조짐이 드러나는데 그 이유는 룻을 만나기 전에 먼저 룻에 대한 평판을 접했기 때문이다. "네 남편이 죽은 후로 네가 시어머니에게 행한 모든 것과 네 부모와 고국을 떠나 전에 알지 못하던 백성에게로 온 일이 내게 분명히 알려졌느니라"(2:11). 이어서 보아스가 여호와께서 룻에게 복을 내리시기를 기도하면서, 룻이 여호와의 날개 아래에 보호를 받고 있음을 인정하는데, 궁극적으로는 보아스가 이 기도의 성취에 참여할 것이다.

룻과 더 교류하면서 보아스는 룻을 통해 모세 율법을 신선하고 눈이 번쩍 뜨이는 관점으로 접하게 되고, 룻이 나오미를 담대하고 끈기 있게 지지하는 것을 보면서 룻을 더욱 존경하게 된다. 룻이 수년 간 불임이었음에도 나오미와 엘리멜렉을 위해 기업을 이을 아들을 임신하기를 바라며 타작마당에서 자기 자신을 위험에 몰아넣는 것을 보면서 룻에 대한 보아스의 존경심이 확 치솟는다. 보아스가 추수철 내내 룻의 행동을 살펴본 것이 분명했다. 룻의 행동은 흠잡을 데 없었으며, 목적에는 흔들림이 없었다. 나오미를 돌보겠다는 결심을 완전히 뒤집어서 자기에게 집중하지 않았다. 보아스는 (2:1에서 보아스를 묘사하는 데 사용한 것과 똑같은) 강한 용어를 사용하여 이 비범한 젊은 외국인의 성품과 용기를 묘사하면서 존경과 칭송이 가득 담긴 말로 룻에게 대답한다.

> "내 딸아 여호와께서 네게 복 주시기를 원하노라 네가 가난하건 부하건 젊은 자를 따르지 아니하였으니 네가 베푼 인애가 처음보다 나중이 더하도다 그리고 이제 내 딸아 두려워하지 말라 내가 네 말대로 네게 다 행하리라 네가 현숙한〔하일〕 여자인 줄을 나의 성읍 백성이 다 아느니라"(3:10-11).

룻은 너무나 자주 놓쳐 버리는 관점을 모세 율법에 제시한다. 율법이 보호하고 복을 주려고 의도한 배고픈 사람들, 가난한 사람들, 과부들, 외국인들, 압제받는 자 중의 한 명으로서 말하고 있기에 가능한 일이었다. 권력과 특권의 든든한 보장 속에서 하나님의 법을 읽거나, 예수의 삶에서 우리가 그다지 큰 희생을 치르지 않아도 될 결론을 이끌어 내기란 얼마나 쉬운가! 우리가 하나님의 법과 예수의 가르침에서 보호하고자 하고 구원하여 잘 살게 하고자 하려는 사람들에게 귀를 기울인다면 우리의 이해심이 얼마나 확 열리겠는가?

룻은 보아스에게 충격을 주었고, 우리에게도 충격을 줄 것이다. 룻은 "이만하면 충분한"이라는 안정된 만족을 뚫고서 하나님과 함께 미지의 세계로 걸어갈 것이다. 그리고 나오미와 보아스를 이끌어 자기와 함께 더 나은 이야기에 합류하게 할 것이다.

보아스가 나오미의 밭을 사고 말론의 아내였던 룻을 자기 아내로 삼아 "그 죽은 자의 기업을 그의 이름으로 세워 그의 이름이 그의 형제 중과 그 곳 성문에서 끊어지지 아니하게"(4:10) 하겠다고 선언하자 룻은 지역 사회에서까지 높임을 받게 된다.

이제 장로들과 백성이 이 모압 출신 이주민을 받아들이는 말을 하면서 맞장구를 친다. 룻은 베들레헴에 도착하기 전에 이 사람들을 받아들였다. 이제 이들이 룻을 받아들인다. 이들은 룻을 이스라엘에서 유명한 가모장인, 민족과 지파의 어머니들과 연결 짓는다(가모장[家母長, matriarch]은 가부장[patriarch]의 대응어로, 일반적으로는 모계 사회의 여성 가장을 가리키는 용어지만, 구약의 사라, 하갈, 리브가, 레아, 라헬을 남성 중심 사회에서 남편 못지않게 치열하게 살았던 가모장으로 보는 견해도 있다. 크리스티안 메로즈 저, 전유미 역, 『하느님의 길을 발견한 여성들』[생활성서사, 2006] 참조-역자 주).

"성문에 있는 모든 백성과 장로들이 이르되 우리가 증인이 되나니 여호와께서 네 집에 들어가는 여인으로 이스라엘의 집을 세운 **라헬과 레아 두 사람과 같게 하시고** 네가 에브랏에서 유력하고 베들레헴에서 유명하게 하시기를 원하며 여호와께서 이 젊은 여자로 말미암아 네게 상속자를 주사 네 집이 **다말이 유다에게 낳아준** 베레스의 집과 같게 하시기를 원하노라"(4:11-12, 굵은 글씨는 저자 강조).

룻은 룻기의 마지막 부분에 기록되었듯이 라헬과 레아처럼 민족을 세우는 사람이다(4:18-22). 다말처럼 죽은 남편의 기업을 회복하기 위해 희생했으며, 어마어마한 위험을 감수했다(다말의 경우에는 죽은 남편이 두 명이다).

지역 사회로의 영입 선언은 이주민이 영주권이나 시민권을 받는 것보다 훨씬 더 대단한 일이다. 이 이야기가 어떻게 진행될지 아직 아무도 모를 때, 즉 룻이 계속 불임일지 아닐지, 혹은 보아스와의 사이에서 딸만 낳을지 어떨지 아직 모르면서도 지역 사회가 룻을 **자기들 가운데 하나로** 받아들인다.

그러나 이것으로 룻이 나오미를 위해서 할 일이 끝난 것은 아니다. 또한 이것으로 룻기가 여성들에 대하여 선언하는 강력한 가치 선언이 완성되는 것도 아니다.

하나님이 아이에게 복을 주시다

그러고 나서 여호와께서 "그[룻]에게 임신하게 하시므로 그가 아들을 낳"았다(4:13). 사람들이 오벳의 출생을 축하해 주는데 우리가 예상하는 식의 축하가 아니다. 여자들이 나오미를 둘러싸고 나오미를 향하신 여호와의 선하심을 기리는 합창을 하는데, 이때 룻이 가장 높아진다. 이들은 또 이야기의 놀라운 결말을 보여 준다. 오벳을 끔찍이 사랑하는 할머니 혹은 아기의 유모인 나오미와 함께 보아스와 룻과 오벳이 완벽한 가정을 이루는 것이 결말이 아니다. "나오미가 아기를 받아 품에 품고 그의 양육자가 되니"(4:16). 서두에서 두 아들을 비극적으로 잃은 과부가 자기 품에서 오벳을 어르는 것으로 이야기가 끝난다. 여인들이 "나오미에게 아들이 태어났다"(4:17) 하며 크게 기뻐한다. 로버트 허버드는 이렇게 말한다.

> 룻기의 저자는 [나오미를] 단순한 보호자보다는 "어머니"로 보았다. … 룻의 특이한 행동이 나오미가 받은 마지막 선물이었다. 그 선물은 나오미가 손수 양육할 아들이었다. 이 아들은 죽은 아들을 대신하며, 후에 나오미가 늙었을 때 자기를 키워 준 것에 보답할 것이다. … 법적으로 그 아이는 이미 엘리멜렉의 상속자

였기에 나오미의 아들이다.[49]

룻은 최상의 헤세드 희생을 한다. 자기 아들을 나오미에게 줌으로써 나오미의 텅 빈 상태를 되돌린다.

여인들은 또 고대 가부장제 세계에서 모든 여자가 가장 듣고 싶어 하던 칭찬의 말을 사용하여 여호와께서 나오미를 위해서 하신 모든 일을 압축 설명한다. "곧 너를 사랑하며 **일곱 아들보다 귀한** 네 며느리가 낳은 자로다"(4:15, 굵은 글씨는 저자 강조).

이것은 절대 상투적인 말이 아니다. 이 여인들의 말에 따르면, 룻과 함께 있기에 나오미는 완전수라고 여기는 일곱 아들을 낳은 여자보다 훨씬 유복하다.

나이 든 여인들은 자기들을 돌보아 주고, 착취와 사회의 무서운 무리에게서 보호해 주며, 대변해 주고, 권리를 옹호해 주며, 대를 이을 아들을 낳아서 아버지의 이름과 땅을 지킬 아들들에게 의지했다. 룻이 나오미를 위해 이 모든 일을 했다. 자기 역시 크게 희생을 치른 후, 손이 뒤로 꽁꽁 묶이고, 발언권을 거부당하며, 법률 제도 이용을 거절당하고, 자기를 쓸모없다고 여기는 문화 속에서 말이다. 이 모든 것이 룻에게는 힘겨운 싸움이었다.

---

49 Robert L. Hubbard Jr., *The Book of Ruth*, New International Commentary on the Old Testament (Grand Rapids: Eerdmans, 1988), 264.

하지만 룻은 그래도 해냈다. 일곱 아들이 있다고 해도 그만큼 해내지 못했을 것이다.[50]

그런데 이야기가 여기서 끝나지 않는다. 룻기를 끝맺는 계보는 미래를 향한 이야기로 옮겨간다. 룻과 나오미와 보아스가 모르는 사이에, 우주적인 일들이 진행되고 있다. 한 지역의 가정의 위기를 처리하기 위해서 이들이 내리는 힘겨운 선택과 사심 없는 행동을 통해 여호와께서는 세상을 향하신 당신의 목적을 진척시키고 계신다. 결말에 나오는 계보에서 우리가 알 수 있는 것은, 룻과 보아스가 구해 내고 있었던 혈통에서 다윗 왕의 왕실 혈통이 나오며 그 혈통이 예수께로 이어진다는 사실이다.

오벳의 출생은 나오미를 위한 새로운 시작을 알린다. 왕이 될 사람의 할아버지를 양육할 자질이 누구에게 있는가? 이 어린 아이가 이후 세대에 전해 주어야 할 지혜가 누구에게 있는가?

여호와께서는 나오미를 버리지 않으시고, 중대한 왕국의 임무를 위해 재배치하고 계신다. 이제 나오미가 준비되었다. 나오미는 고통이라는 학교에서, 또 그 고통에 이어진 영혼의 어두운 밤을 지내면서 자기 영혼에 새겨진 지혜를 활용할 것이다.

---

50 Carolyn Custis James, *The Gospel of Ruth: Loving God Enough to Break the Rules* (Grand Rapids: Zondervan, 2008), 203.

오벳은 나오미에게서 '헤세드'의 가르침을 배울 것이다. 할머니의 이야기를 들을 것이다. 할머니의 상실과 의심, 분노, 절망을 배울 것이며, 할머니가 여호와의 헤세드는 결코 중단되지 않음을 깨달은 날에 대해 배울 것이다. 나오미가 보기에는 그저 어린 사내아이일 뿐이지만 사실은 장차 이스라엘의 왕이 될 사람의 할아버지를 기르고 있는 것이다.

오벳이 나오미에게 배운 지혜는 깊이 뿌리가 박힐 것이고, 오벳은 여호와의 헤세드에 대한 가르침을 자기 아들 이새에게 전해 줄 것이며, 이새는 이 지혜를 자기 아들 다윗에게 전해 줄 것이다. 다윗 왕은 "내 평생에 선하심과 인자하심[헤세드]이 반드시 나를 따르리니"(시 23:6) 하고 기록하면서 이 진리를 우리에게 전해 줄 것이다.

오벳은 자기를 낳은 어머니에게서는 담대하고 용기 있으며 위험을 감수하는 믿음과 그 믿음이 이끌어 내는 희생에 대해 배울 것이다. 그와 같은 종류의 믿음이 오벳의 손자에게도 나타나서, 이 손자는 매끄러운 돌멩이 다섯 개와 목동의 물매로만 무장하고서 블레셋의 거인 전사를 쓰러뜨릴 것이다.

오벳은 아버지의 말과 행동에서는 이 세상 나라와 다르며 이 세상 것이 아닌 남자다움을, 가부장제 문화에서 자기에게 가르치는 것을 거부할 그런 종류의 남자다움을, 궁극적으로는 예수께서 몸소 보여 주실 남자다움을 발견할 것이다. 권력과 특권은 책임을 수반하며, 선물이지 권리가 아니며, 상상할 수 없을 정도로 선하게 쓰일 수도 있고 이루 말할 수 없을 정도로 악하게 쓰일 수도 있음을 배울 것이다.

룻기가 이토록 반체제적이라는 것을 누가 알았는가? 하나님의 딸들과 아들들 **둘 다**를 향하신 하나님의 사랑을 확인해 주고, 세상이 멸시하고 하찮게 여겨도, 우리가 길을 잃었을 때에도, 우리가 죽어서 묻혔을 때조차 우리가 그분에게 진정 중요한 존재임을 강력하게 확인해 주는 말이 룻기에 담겨 있다는 것을 누가 알았는가? 이 책은 모든 가치 체계를 초월하여 여자들과 남자들을 지지하고 높인다. 이 고대의 이야기는 우리에게 일어나라고, 하나님 앞에서 자신을 의식하며 살아가고 하나님의 헤세드를 삶을 새롭게 해 주는 방식으로 다른 이들에게 전하는, 좀 더 급진적이고 규칙을 위반하는 방법으로 그분을 진정으로 사랑하라고 도전을 준다.

그러므로 이 아무 문제없어 보이는 짧은 이야기는 사실 마음을 달래 주는 이야기가 아니다. 나오미와 룻과 보아스의 세상뿐 아니라 우리의 세상에 대해서도 체제 전복적인 이야기다. 이 이야기를 통해 우리는 우리의 문화와 종교의 가치가 타락한 세상의 사회 제도를 얼마나 반영하고 있는지 다시금 점검하지 않을 수 없으며, 우리가 이 이야기에서 목격하는 관계와 우리 자신의 관계를 비교하지 않을 수 없다. 룻기는 우리의 기대치를 높이며, 궁극적으로는 우리 모두가 변해야 한다고 말한다.

21세기에 사는 우리의 관점에서, 룻기 결말에 나오는 계보가 우리에게 예수 그리스도를 가리켜 준다는 사실을 무시할 수는 없다. 이 이야기는 우리를 불러서 룻와 보아스의 강력한 모범을, 하나님이 이들을 각자 어떻게 변화시키시는지를, 그리고 이 셋이 어떻게 복 받은 연합(Blessed Alliance)이 되었는지를 살펴보라고 한다. 이 복 받은 연합으로 인해 이 세 사람은 모두 하나님의 형상을 지닌 자로서 성공했으며, 이들의 사심 없는 행동은 이들이 일찍이 알거나 생각하던 그 어떤 것보다 더 오래 남아서 세계적인 중요성을 띠게 되었다.

룻기는 또한 우리에게 이 주목할 만한 세 사람을 넘어서 완전한 **하나님의 형상**(*imago Dei*)이신 예수를 바라보라고, 그분을 연구 대상으로 삼으라고, 그분을 닮아 가라고 손짓한다. 예수께서 "내 나라는 이 세상에 속한 것이 아니니라"고 말씀하신 것은 무슨 뜻인가? 그분의 나라는 우리의 문화와 어느 정도로 충돌이 불가피한가? 기독교인으로서 우리가 생활이 "이만하면 충분하다"며 너무나 쉽게 만족할 수 있는 것에 얼만큼이나 도전을 주는가? 우리가 예수께 초점을 맞추고 세상을 향한 그분의 심정을 받아들인다면, 우리는 가장 친밀한 관계에서, 기독교인 형제 자매들에게, 이웃들에게, 동료들에게, 우리와 다른 사람들에게 헤세드의 방식으로 행동하기 시작할 것이다. 그러한 일이 일어날 때, 예수께서 오셨으며, 그분의 나라가 이 세상에 속한 나라가 아님을 세상이 알게 될 것이다.

읽어 볼 글들

- 룻기 4:13-17
- 시편 23편(특히 6절에 나오는 "인자하심"이 곧 헤세드다)
- 요한복음 17:20-23

생각해 볼 질문

01 나오미의 진정한 가치는 당시 문화가 나오미의 가치를 평가하는 방식과 나오미가 자신의 가치를 평가하는 방식을 어떻게 뒤집어 놓는가?

02 여인들이 왜 룻을 "일곱 아들보다 낫다"고 여기는가?

03 하나님의 딸들에 대한 하나님의 관점이 이들의 가치를 어느 정도로 확 바꾸어 놓으며, 그들은 세상에서 하나님의 목적을 진척시키는 데 얼마나 필요한 존재인가?

04 이 이야기에 담긴 복 받은 연합의 힘을 짐작해 보기 위해서, 나오미나 룻이나 보아스를 이야기에 등장하지 않게 한다면 룻기는 어떻게 전개되겠는가? 이 이야기가 나머지 두 사람에게 어떤 식으로 바뀌겠는가?

05 룻기를 읽은 후 당신은 자신을 바라보는 방식에, 또 당신이 자신의 삶에 대한 하나님의 부르심을 이루어 가는 데 다른 남자들과 여자들이 얼마나 필요한지와 관련하여 어떠한 도전을 받았는가?

추천 도서

Campbell, Edward F., Jr. *Ruth*. Garden City, NY: Doubleday, 1975.

Davis, Ellen F., and Margaret Adams Parker. *Who Are You, My Daughter? – Reading Ruth through Image and Text*. Louisville: Westminster John Knox, 2003.

Hubbard, Robert J., Jr. *The Book of Ruth*. New International Commentary on the Old Testament. Grand Rapids: Eerdmans, 1988.

James, Carolyn Custis. *The Gospel of Ruth: Loving God Enough to Break the Rules*. Grand Rapids: Zondervan, 2008.

_____. *Half the Church: Recapturing God's Global Vision for Women*. Grand Rapids: Zondervan, 2011.

_____. *Malestrom: Manhood Swept into the Currents of a Changing World*. Grand Rapids: Zondervan, 2015.

LeCocque, André. *Ruth: A Continental Commentary*. Translated by K. C. Hanson. Minneapolis: Augsburg Fortress, 2004.

Sakenfeld, Katharine Doob. *Ruth*. Interpretation: A Bible Commentary for Teaching and Preaching. Louisville: John Knox, 1999.

MEMO

MEMO